W0086574

SV

Ausgewiesen
Über China

Aus dem Chinesischen
von Karin Betz

Suhrkamp Verlag

Erste Auflage 2012
Copyright © Bei Ling 2011
© der deutschen Ausgabe Suhrkamp Verlag Berlin 2012
Alle Rechte vorbehalten, insbesondere das des öffentlichen
Vortrags sowie der Übertragung durch Rundfunk
und Fernsehen, auch einzelner Teile.
Kein Teil des Werks darf in irgendeiner Form (durch Fotografie,
Mikrofilm oder andere Verfahren) ohne schriftliche Genehmigung des
Verlages reproduziert oder unter Verwendung elektronischer Systeme
verarbeitet, vervielfältigt oder verbreitet werden.
Satz: Hümmer GmbH, Waldbüttelbrunn
Druck und Bindung: Pustet, Regensburg
Printed in Germany
ISBN 978-3-518-42300-4

1 2 3 4 5 6 – 17 16 15 14 13 12

Inhalt

1 Die Frankfurter Buchmesse 2009.
Ein Staat kämpft gegen seine Literatur

Peking – ein letztes Mal

Nach neun Jahren das Wiedersehen. Peking. Jeder Schritt Erinnerung. Jeder Schritt ein Abschied.

In der Abflughalle Nummer drei des Flughafens der Hauptstadt. Rechts und links von mir zwei junge Flughafenpolizisten, der eine hält meinen Paß und meine Bordkarte in den Händen, der andere ist ganz damit beschäftigt, mich im Auge zu behalten, während er meinen Koffer hinter sich herzieht. So bewegen wir uns auf das ganz am Ende der Halle liegende Abfluggate der Air-China-Maschine CA185 nach Taipeh zu. Es ist der 19. November 2009, halb acht Uhr morgens.

Am Gate ist kein einziger Passagier mehr. Das Gesicht der Dame am Check-in-Schalter verdüstert sich, als wir auftauchen und die Polizisten ihr meinen Paß und meine Bordkarte unter die Nase halten. Sie erklären ihr die Situation. Höflich winkt sie mich dann doch durch das Gate, zur Gangway. Die Polizisten bleiben dicht hinter mir und erst kurz vor der Kabinentür geben sie mir meinen Paß zurück und behalten mich weiter im Auge. Es sieht beinahe so aus, als ob sie vor der Tür verharren werden, bis die Maschine gestartet, über das Rollfeld gefahren ist und abgehoben hat, um auch wirklich sicherzugehen, daß ich Peking verlassen habe.

Im Oktober und November 2009 war ich zu Gast bei der Frankfurter Buchmesse. Am 19. November flog ich mit einer Maschine der Air China von Frankfurt am Main nach Peking. In Peking angekommen, wurde ich von der Polizei in Empfang genommen, die mir mitteilte:»Sie sind eine unerwünschte Person. Ihnen ist es untersagt, nach Peking einzureisen.« Die Polizei zwang mich zum Einstieg in eine Maschine nach Taipeh. Mein Gepäck wurde in Peking konfisziert. Noch am selben Abend um 23 Uhr kam ich in Taipeh an, meinem derzeitigen Wohnsitz.

Neun Jahre zuvor, am 26. August 2000, wurde ich auf dieselbe Weise direkt aus chinesischer Untersuchungshaft in die USA ausgewiesen. Ins Exil.

Ein hoher Funktionär der Polizei behauptete damals zynisch, man müsse mich in die Vereinigten Staaten ausweisen, damit ich dort »einen Beitrag zu den chinesisch-amerikanischen Beziehungen« leiste. Das ›Verbrechen‹, das zu meiner Ausweisung geführt hatte, bestand in nichts anderem als dem Verlegen eines Magazins. Mir wurde zur Last gelegt, daß ich in Peking die dreizehnte Ausgabe von *Qingxiang* (*Tendenzen*), einer Zeitschrift für Literatur und Geisteswissenschaften, veröffentlicht hatte. Sonst nichts.

2009 also reiste ich nach neun Jahren Exil in einer Maschine der staatlichen Fluggesellschaft Air China von Frankfurt am Main nach Peking. Der Pekinger Akzent, die typischen Pekinger Gesten der Stewardeß vermittelten mir ein Gefühl der Vertrautheit. Es war, als sei ich schon wieder in der Heimat.

Nach acht Stunden Flugzeit dann die Durchsage:»Sehr geehrte Fluggäste, wir befinden uns nun im Anflug auf die Hauptstadt. Bitte ziehen Sie ihre Sicherheitsgurte fest, wir landen in zwanzig Minuten.« Ich rutschte rasch auf einen Fensterplatz und starrte nach draußen. Durch die trübe Morgendämmerung brachen gerade die ersten Lichtstrahlen. Am Horizont ging die rote Sonne auf, gegen die sich die Berge und ein paar winzige, ferne Gebäudesilhouetten abzeichneten. Mein Herz machte einen Sprung: Peking, Peking, endlich. Es fiel mir schwer, ruhig auf meinem Sitz zu bleiben.

Ich blickte hinaus und sog sie auf, die lange vermißten Bilder, sah die langgestreckten Gebirgsketten, spürte den morgendlichen Frost über der weiten Ebene. Der Schnee glitzerte unter den ersten Sonnenstrahlen, starr reckten sich die kahlen Bäume gegen den Himmel. Ich erinnerte mich an ein Gedicht, das ich in jungen Jahren verfaßt habe:

Das Auf und Ab der Gebirgszüge des Nordens
Läßt alles Falsche harsch von sich abfallen.

Wir rollten zum Flughafengebäude, stiegen aus und wurden durch die Gangway zur Ankunftshalle geschleust. Schon auf diesem kurzen Weg spürte man den eisigen Wind Pekings im Gesicht, frostig und ernüchternd.

Die riesige Halle des Terminals drei des brandneuen Hauptstadtflughafens kannte ich noch nicht. In großzügigen Rundungen geformt wie die Schwingen eines Adlers, im Inneren an den Seiten gesäumt von langen Sitzreihen mit Ledersesseln. Die japanische Künstlerin Okabayashi, die in derselben Maschine gereist war wie ich, staunte nicht schlecht.

Vor dem Quarantäneschalter bildete sich eine lange Schlange und ich widerstand dem dringenden Impuls, zum nächsten öffentlichen Telefon zu laufen und meine Familie, meine alten Freunde zu überraschen – *Hallo, ich bin in Peking.*

Ich zeigte meinen Paß und meine Bordkarte für den Anschlußflug nach Taipeh. Der Mann am Schalter tippte meinen Namen ein, dann runzelte er die Stirn, starrte auf den flimmernden Computerbildschirm und griff zum Telefonhörer: »Wir haben hier einen Vorfall, bitte schickt jemanden her.«

Mir rutschte das Herz in die Hose. Während ich wartete, kam ein weiterer Grenzbeamter dazu und prüfte die Daten auf dem Bildschirm. »Ist Ihr chinesischer Name Huang Bei Ling?«

»Das ist richtig. Gibt es ein Problem?« fragte ich.

»Wir müssen leider Ihre Identität überprüfen. Ihr Geburtsjahr?«

»Neunzehnhundert...«, antwortete ich.

»Würden Sie bitte mitkommen, wir müssen einige Daten überprüfen.«

Intuitiv rutschte es mir heraus: »Schwarze Liste?«

Der Beamte antwortete nicht. In diesem Moment tauchten zwei

Grenzpolizisten mit weißen Atemschutzmasken auf und verlangten, daß ich mitkomme. Wir gingen nebeneinander her, durch einen langen, geraden Korridor, der offensichtlich ausschließlich für den Grenzschutz bestimmt war. Man brachte mich in ein Zimmer, auf dessen Tür »Investigationsbüro« stand. Einer der Polizisten forderte mich auf, Platz zu nehmen. Er selbst setzte sich mir gegenüber in einen Sessel und sah mich an, ohne mich auch nur eine Sekunde aus den Augen zu lassen. Ich fragte: »Nehmen Sie mich fest?«

»Keineswegs. Wir prüfen nur Ihre Unterlagen.«

Ich hielt mich mit weiteren Fragen zunächst zurück und überdachte meine Situation. Würden sie mich durchsuchen? In Gewahrsam nehmen? Mich verhören oder mir gleich den Prozeß machen wegen meines provokanten Auftretens während der Frankfurter Buchmesse?

Da es für den Augenblick ohnehin keinen Ausweg aus dieser Situation gab, versuchte ich, gelassen zu bleiben. Ich zog ein Buch aus meiner Tasche, eine chinesische Ausgabe von Karl Jaspers' *Die geistige Situation der Zeit*, die ich ironischerweise am chinesischen Ehrengast-Stand der Buchmesse erstanden hatte. »Setzen Sie sich aufrecht hin, Augen geradeaus«, mahnte der Polizist mit der Atemschutzmaske, als ich mich zu lesen anschickte. Er hatte seinen Blick nicht von mir abgewandt. Nun war das »Investigationsbüro« nicht gerade groß und es war ausgesprochen unangenehm, unter ständiger Beobachtung ein Buch zu lesen. Also schlug ich das Buch wieder zu und holte statt dessen mein Notebook hervor. Ich war eben im Begriff, es einzuschalten, vor allem, um zu sehen, wie spät es jetzt eigentlich genau war, schon sagte der Polizist: »Hier kann man nicht ins Internet.«

Ich fragte: »In der Abflughalle geht es doch auch, kaum zu glauben, daß Sie hier in Ihrem Büro keinen freies WLAN haben?«

»Während der Olympischen Spiele im vergangenen Jahr war das mal so, jetzt geht es jedenfalls nicht mehr. Es ist hier so Vorschrift, daß man nicht ins Internet darf.« Auf meinem Notebook war es bereits zehn nach acht. »Ich muß zur Toilette«, sagte ich. Der kleine Polizist machte einen kurzen Anruf mit seinem Mobiltelefon, dann begleitete er mich durch den Korridor zur Toilette. Außer uns war dort niemand. Er postierte sich einen Meter entfernt neben mir und wollte mir nicht den Gefallen tun, seinen Blick wenigstens jetzt von mir abzuwenden. Ich beugte mich vor, ging möglichst dicht an das Urinal heran und versuchte, seinen Blick zu behindern, aber … auch nach einer ganzen Weile wollte es mir einfach nicht gelingen, mich zu erleichtern.

Es war mir peinlich. Ich hoffte, er würde ein wenig Diskretion beweisen und Abstand nehmen. Er blieb aber mit ausdrucksloser Miene dort, wo er war, und observierte mich. »Würden Sie vielleicht nicht so herstarren?« ersuchte ich ihn. Er blieb völlig ungerührt, blickte mich unverwandt an. Mir entfuhr ein verzweifeltes, wütendes Zischen. Ich drehte ihm den Kopf zu und starrte ihn flehend an.

Wie zwei unnachgiebige Kontrahenten standen wir da, und es war offensichtlich, daß auch der kleine Polizist sich nicht wohl in seiner Haut fühlte. Er war ja sicher selbst nicht darauf erpicht, vermeintliche Bösewichte bei der Verrichtung ihrer Notdurft zu beobachten. Das war sein Job, er durfte den »Missetäter« nicht aus den Augen lassen. Endlich wandte er sich doch ein wenig ab, drehte den Kopf halb weg und ließ seinen Blick schweifen, so daß er mich nicht mehr direkt im Visier hatte. Und ich stand wie ein hilfloser Trottel vor dem Urinal, bis ich mich schließlich entspannte.

Eine halbe Stunde später erschien in Begleitung zweier weiterer Grenzpolizisten ein Mann in mittleren Jahren im Investigationsbüro. Noch stehend, hielt er meinen Paß hoch und deklamierte wie ein Schauspieler, jede Silbe betonend: »Es hat sich erwiesen, daß Sie eine in unseren Landesgrenzen unerwünschte Person sind. Es ist Ihnen nicht erlaubt, nach Peking einzureisen. Aus diesem Grund dürfen Sie sich nach der Grenzkontrolle im Transferbereich des Flughafens nicht frei bewegen. Sie werden sich jetzt unter Polizeiaufsicht zu einer Maschine begeben, die zum Abflug nach Taipeh bereitsteht.«

Sie sind eine in unseren Landesgrenzen unerwünschte Person. Es ist Ihnen nicht erlaubt, nach Peking einzureisen. Eine unerwünschte Person … Es ist Ihnen nicht erlaubt … Seine Worte hallten in meinen Ohren nach. Natürlich hatte ich das befürchtet, fast erwartet, aber ich wollte mich einfach nicht mit den Tatsachen abfinden. Einen Moment lang war ich wie betäubt. Meine Stimme kam leise und zögernd:»Wissen Sie denn nicht, daß ich in Peking aufgewachsen bin? Wissen Sie das etwa nicht?« Ganz ruhig sagte ich das, aber meine Wut war dennoch schwer zu unterdrücken:»Meine betagten Eltern leben keine zehn Kilometer von hier entfernt, verstehen Sie das?« Ich konnte mich kaum beherrschen, und ohne nachzudenken sprudelten jetzt die Worte aus mir heraus:»Fragen Sie Ihre Vorgesetzen, fragen Sie gefälligst Hu Jintao und Wen Jiabao persönlich, bitten Sie sie, mir zu erklären, warum ich nicht in dieses Land einreisen darf. Warum?«

Die Polizisten und der Grenzbeamte unterbrachen mich nicht und ließen mich ausreden. Die Polizisten richteten ihre Blicke auf den Beamten, der eine gleichgültige Miene aufsetzte und sagte:»Warum, ja das weiß ich auch nicht. Das wissen Sie doch wohl besser als wir, oder?«

Die Passagiere an Bord der CA185 warteten angeschnallt auf den Start. Um 8:45 Uhr hob die Maschine langsam und bedächtig ab und gewann an Höhe.

In majestätischer Ruhe lag das frühwinterliche Peking unter uns. Ich preßte meine Nase gegen die Scheibe der kleinen Fensterluke und betrachtete die nordchinesische Landschaft aus der Höhe, so eingehend wie vielleicht nie zuvor. Die endlosen, gleichmäßigen Baumreihen, die weite Ebene, über die der Nordwind bläst, der den Besucher unbarmherzig mit seinem Heulen empfängt. Weiter vorne verloren sich langsam die Reihen der niedrigen Häuser in der Ferne, aus deren Schornstein der Rauch zum Himmel aufstieg.

Und jetzt kam er, der Schmerz. Mir, der in ihrer Heimat unerwünschten Person, traten schließlich die lang unterdrückten Tränen in die Augen.

Das ist mein Peking.

Das war das letzte Mal.

Ein Staatsfeind? Das Internationale Symposium
China und die Welt: Wahrnehmung und Wirklichkeit
im September 2009

Es wollte mir einfach nicht in den Kopf: Die Direktion der größten und wichtigsten Buchmesse der Welt – so jedenfalls ihr Ruf –, die auf eine lange Tradition der Verteidigung der Freiheit des Wortes und des Verlegens zurückblickt, läßt sich von ihrem Ehrengast unter Druck setzen. Von einem Gast, dessen Amt für Presse und Publikationswesen – kurz *GAPP* – in erster Linie eine Zensurbehörde ist, deren Willkür die Vergabe von Registrierungsnummern von Verlagserzeugnissen und deren Inhalten unterliegt.

Die Ursprünge der Frankfurter Buchmesse gehen zurück bis ins 15. Jahrhundert, als Johannes Gutenberg im nur wenige Kilometer von Frankfurt entfernten Mainz den Buchdruck erfand. Sie hat symbolischen Charakter für den Buchmarkt und steht für die geistige Freiheit und die Wahrung der Rechte von Autoren. Während der theokratischen Herrschaft des Ayatollah Ruhollah Khomeini über den Iran, der wegen angeblicher Gotteslästerung in dem Roman *Die satanischen Verse* zur Tötung des britischen Autors Salman Rushdie aufrief, ließ die Direktion der Buchmesse 1989 folgende Stellungnahme veröffentlichen: »Solange der Mordaufruf Teherans gegen Salman Rushdie nicht zurückgenommen ist, wird der Iran auf der Buchmesse nicht zugelassen werden.«[1] Die Buchmesse unter ihrem damaligen Direktor Peter Weid-

---

1 Peter Weidhaas: *Und kam in die Welt der Büchermenschen.* Ch. Links Verlag 2007, S. 284.

haas verweigerte sowohl 1989 als auch 1990 den iranischen Verlegern die Teilnahme an der Messe, und sie verweigerte sich mit dieser Entscheidung auch dem deutschen Auswärtigen Amt und seiner Aufforderung, die iranischen Verleger zuzulassen. Das Auswärtige Amt strebte »eine Verbesserung der Beziehungen mit dem nach-khomeinischen Iran an. [Die Haltung der Frankfurter Buchmesse stellte dabei ein Hindernis dar], das beseitigt werden musste.«[2] Erst 1991 durfte eine kleine Gruppe iranischer Verleger wieder auf der Messe ausstellen.

Meine besondere Beziehung zur Frankfurter Buchmesse entstand aus einem puren Zufall: Mein Verlag *Tendenzen* gab Anfang 2009 eine Biographie von Paul Celan heraus. Daher veranstalteten wir auf der Buchmesse in Taipeh im Februar zusammen mit dem Goethe-Institut Taipeh am deutschen Gemeinschaftsstand eine Lesung aus Celans Gedichten. Bei dieser Gelegenheit kam ich mit Jing Bartz vom deutschen Buchinformationszentrum Peking ins Gespräch, die zusammen mit Peter Weidhaas zur Lesung gekommen war. Von den beiden erfuhr ich, daß China 2009 das Ehrengastland der Frankfurter Buchmesse sein würde. Außerdem wiesen sie mich darauf hin, daß das Internationale Zentrum der Buchmesse im September ein Symposium zum Thema China veranstalte, und brachten zum Ausdruck, daß es wichtig sei, dort auch jemanden wie mich, einen chinesischen Verleger und Schriftsteller im Exil, dabeizuhaben. Weidhaas forderte mich auf, möglichst bald mit dem Leiter des Internationalen Zentrums, Peter Ripken, wegen meiner Teilnahme Kontakt aufzunehmen.

Ich schrieb daraufhin einen Brief an Ripken, der mir am 9. März sehr freundlich antwortete, mir Details zum Symposium mitteilte und mich einlud, an dieser Veranstaltung im September als Referent teilzunehmen.

2 Ebd., S. 304.

Ein halbes Jahr später, zwei Tage vor Beginn des Symposiums, klingelte bei mir in Boston kurz nach Mitternacht – also etwa sieben Uhr morgens deutscher Zeit – das Telefon. Am anderen Ende war Peter Ripken, der immerfort umständlich wiederholte, es gebe ein schwerwiegendes Problem, dramatische Entwicklungen. Das chinesische Presse- und Publikationsamt habe gegen meine Teilnahme am Symposium heftig protestiert. Das Gastland China habe der Buchmesse in einer diplomatischen Note mitgeteilt, daß meine Präsenz als offizieller Redner beim Symposium Absagen der geladenen Experten und Schriftsteller aus der Volksrepublik China zur Folge haben würde. Die chinesische Seite sei sogar so weit gegangen, damit zu drohen, daß sie im Fall meiner Teilnahme die Zusammenarbeit mit der Buchmesse einstellen und gar auf den Auftritt als Ehrengast verzichten würde. Ripken ersuchte mich mit Nachdruck, in Anbetracht dieser Situation von meiner Teilnahme am Symposium abzusehen. Da ich ja bereits am übernächsten Tag mein Flugzeug nach Deutschland besteigen würde, bleibe ihm nichts anderes übrig, als die Angelegenheit nun in aller Dringlichkeit mit mir zu regeln.

Ich antwortete ohne Zögern, daß ich von einer Teilnahme absehen würde. Wie hätte ich auch, wenn mich der Leiter des Symposiums wissen läßt, daß ich auf seiner Veranstaltung nicht mehr willkommen bin, auf meiner Teilnahme bestehen können?

Im nachhinein betrachtet, war der Grund für die Absage wohl nicht einfach die Tatsache, daß ich Exilschriftsteller war, sondern das Thema meines geplanten Vortrags, der das GAPP an einem wunden Punkt getroffen hatte. Ich hatte mein Land beleidigt. Der Vortrag sollte sich mit »Chinas neuen Kleidern« befassen, mit der Tatsache, daß China trotz der prosperierenden Entwicklung seiner Wirtschaft und seines Verlagswesens immer noch ein Gebiet ist, in dem es keine verlegerische Freiheit gibt. Alle Verlage, Zeitschriften, Radio- und Fernsehstationen sind in staatlicher Hand. Die kommunistische Partei Chinas weiß genau: Würde sie die Kontrolle über die Verlage und die Medien verlieren, würde sie auch ihre Kontrolle über China verlieren.

Ich hatte meinen Vortrag dem Kontrollsystem des Verlagswesens im besonderen Fall der Volksrepublik China gewidmet. China unterscheidet sich von einigen anderen despotisch regierten Ländern darin, daß hier keine privaten Verlage zugelassen sind. In den vergangenen zwanzig Jahren hat man in China ein bis ins kleinste Detail verfeinertes System zur Überwachung der Presse und der Verlage entwickelt. Es gibt bis zu fünf oder sechs hierarchisch gegliederte Kontrollinstanzen, mittels derer in den Verlagen und in den Medien durch Parteimitglieder oder Funktionäre der Partei sichergestellt werden soll, daß kein falsches Wort veröffentlicht wird. Wenn ein Buch oder ein Artikel nur eine dieser Kontrollstufen nicht passiert, darf es nicht gedruckt werden. Für Bücher ist zusätzlich ein verlagsinterner Prüfprozeß notwendig, ohne den die abschließende Verifizierung durch das Presse- und Publikationsamt der Provinz- und Stadtregierungen nicht in die Wege geleitet werden kann. Falls ein Verlag etwas veröffentlicht, das »einen gravierenden politischen Irrtum« darstellt oder »pornographischen oder gewalttätigen« Inhalts ist, droht dem Verleger eine Strafe, die von der Degradierung bis zum Verlust seines Postens reicht. Für Veröffentlichungen, die in den Augen der Zensoren die Sicherheit des Staates gefährden, droht die sogenannte »Schließung des Verlags zwecks Umstrukturierung«.

Als vorbeugende Maßnahme zensieren sich viele Verleger und Autoren bereits vor der Kontrolle von offizieller Seite selbst. Darunter fallen beispielsweise die Änderungen, die ich im Sommer 2000 an der dreizehnten Ausgabe meiner Zeitschrift *Tendenzen* vorgenommen hatte. Aber davon später.

Im modernen China, wo sich heute Despotie und Kapitalismus zu ihrem gegenseitigen Vorteil ergänzen, möchten sich auch die Autoren im Glanz des wirtschaftlichen Erfolgs ihres Landes sonnen und greifen immer häufiger zur Selbstzensur, um der Gefahr des Veröffentlichungsverbots vorzubeugen. Das betrifft sowohl ihren Stil als auch die Auswahl ihrer Themen. Ein chinesischer Schriftsteller weiß sehr genau, was er publizieren kann und was nicht. Über den offiziellen Schriftstellerverband, den Markt, die

Tantiemen und die Verkaufserlöse bis zum Marketing – zwischen den Werken der Schriftsteller und dem Zensursystem herrscht ein stillschweigendes Einvernehmen, eine Art symbiotische Beziehung. Schriftsteller, Journalisten und Verlagsleute sind allesamt Komplizen in diesem besonderen System, in dem es nur zwei Möglichkeiten gibt: Mitmachen oder Verweigern.

Teil dieses Systems sind zum Beispiel die über zehntausend Mitglieder des chinesischen Schriftstellerverbands, die rund einhundert weit verbreiteten Literaturzeitschriften und die mehr als fünfhundertvierzig vom Staat zur Verfügung gestellten Bürogebäude, deren Mietpreise niemals dem Markt angepaßt werden und die auf ewig von den Staatsverlagen belegt sind. In den vergangenen dreißig Jahren entschieden sich die vom Staat unterstützten Verleger immer öfter für die Selbstzensur – und das, obwohl die Manuskripte ohnehin zensiert werden und trotz einer gewissen Zunahme der Freiheiten und des Machbaren im Pressewesen –, um von vornherein den Anforderungen der Zensurbehörden zu genügen.

Der Großteil der staatlichen Verlage betätigt sich in einem der Öffentlichkeit weithin unbekannten Geschäft: dem Verkauf von ISBN-Nummern. Diese Nummern, die eigentlich frei und kostenlos sein sollten, werden von den Staatsverlagen zu Preisen von bis zu 20 000 Yuan *Renminbi* (circa 6000 Euro) an private Kulturunternehmen verkauft. Das ist eine willkommene Geldquelle, die mit keinerlei Kosten für den Verlag selbst verbunden ist. Diese Methode, die auf der ganzen Welt ihresgleichen sucht, hat ihren Ursprung im staatlichen Verlagsmonopol.

Der letzte Absatz meines geplanten Vortrags beim Symposium lautete:»Ein chinesischer Schriftsteller arbeitet immer mit einer Art Waagschale im Hinterkopf, in die er jedes Schriftzeichen seines Textes wirft, um genau abzuwägen, was er schreiben kann und wie weit er gehen kann. Wenn ihm dieses Abwägen zur Routine geworden ist, er sich auf die aktuellen Tendenzen der Zensur durch die Verlage eingestellt hat und die stille Übereinkunft darüber, was die Verlage als ›gutes‹ Buch einstufen, verinnerlicht hat, erscheint dem Schriftsteller die Selbstzensur bereits als eine Selbstverständlichkeit, ein natürliches Bedürfnis sozusagen, ein unbewußter Reflex. Im China der Gegenwart fahren auf diese Art und Weise bekannte und weniger bekannte Autoren Ruhm und Erfolg ein, wie er früher kaum denkbar gewesen wäre.« Es liegt nahe zu vermuten, daß mein Vortrag die Leiter von Verlagen und Presseämtern in ihrem wunden Punkt getroffen hätte. Davon wollten sie sicher nichts hören und schon gar nicht auf einem öffentlichen Symposium im Ausland, wo es galt, das Land und seine Literatur im besten Licht zu präsentieren.

Die »dramatische Entwicklung« nahm ihren Lauf: Am Vormittag des 9. September erfuhr ich aus dem Internet, daß auch die aus Peking stammende Autorin Dai Qing trotz verbindlicher Zusage ihrer Teilnahme an jenem Symposium von der Frankfurter Buchmesse wieder ausgeladen worden war. Nachdem deutsche Medien darüber berichtet hatten, geriet die Buchmessenleitung unter Beschuß der Presse, und auch die Kritik am Gastland China, das im Hintergrund die Fäden zog, nahm zu. Am darauffolgenden Nachmittag las ich im Internet, daß Dai Qing zwischenzeitlich zwar von der Buchmesse aus-, aber dann vom Deutschen P.E.N.-Zentrum wieder eingeladen worden war und sich auf dem Weg nach Frankfurt befand, um nun als »Zuhörerin« am Symposium teilzunehmen.

Sollte ich nicht auch meine in aller Stille vollzogene Ausladung öffentlich machen?

Ich bewunderte Dai Qings Mut. Sie lebt in Peking und mußte damit rechnen, daß die Behörden ihr keinen Paß ausstellten, daß ihr die Ausreise verweigert, sie gar unter Hausarrest gestellt würde. Doch sie bewies Mut und Verstand, sie machte ihren Fall von Anfang an über die deutschen Medien publik, sie machte sich unter Begleitung eines Pulks deutscher Medienleute auf den Weg zum Flughafen, und als ihr beim Check-in am Flughafen mitgeteilt wurde, ihr Ticket sei ungültig und ihr Platz bereits besetzt, kaufte sie kurzerhand ein neues Ticket und marschierte unter den Augen der Öffentlichkeit durch die Gepäckkontrolle zu ihrem Gate. Daß sie das geschafft hat, ist angesichts der Schwierigkeiten, die einem die staatliche Kontrolle in den Weg stellt, allerdings beachtlich.

Also gab es für mich, der ich im fernen Amerika rein gar nichts zu befürchten hatte, um so weniger einen Grund zu kneifen. Ich entschied mich, auch meinen Fall ans Licht der Öffentlichkeit zu bringen. Das erwies sich zunächst als gar nicht so einfach, denn ich hatte bislang noch nie Kontakt mit den deutschen Medien gehabt. Ich recherchierte per Google, fragte Freunde; ohne Ergebnis. Schließlich half mir Yun Yi, ein Lektor des *Tendenzen*-Verlags, im Internet eine Liste mit Kontaktdaten von Auslandskorrespondenten mit Sitz in Peking ausfindig zu machen. Gut, dachte ich, warum nicht das Pferd von hinten aufzäumen und zuerst mit deutschen Korrespondenten in Peking sprechen. Wenn es in Boston Nacht wird, bricht in Peking der Tag an. Ich wartete bis zum Abend, um mich telefonisch mit den Korrespondenten der *Süddeutschen Zeitung*, der *Deutschen Presse Agentur* und des *Spiegel* in Verbindung zu setzen. Ich meldete mich mit meinem Namen und erzählte meine Geschichte. SZ-Korrespondent Henrik Bork und seine Kollegen in Peking waren sofort bereit, dieses Stück absurdes Theater publik zu machen.

Am frühen Morgen des 10. September deutscher Zeit rief mein Freund Zhong Weiguang bei der Berliner Niederlassung der chinesischen Ausgabe der in Europa erscheinenden *Epoch Times* an und sprach mit dem Chefredakteur Zhou Lei und dem Redakteur Zheng Zhihong über meinen Fall. Die *Epoch Times* ist ein globales Medium. Thomas Kalmund, ihr Frankfurter Korrespondent, entschloß sich kurzfristig zur Teilnahme an der für 11 Uhr an diesem Tag angesetzten Pressekonferenz der Buchmesse. Kalmund brachte dort meinen Fall zur Sprache und wandte sich an Peter Ripken. Als Ripken bestätigte, daß man mich aufgrund des großen Drucks von chinesischer Seite habe ausladen müssen, sorgte dies für großen Wirbel und provozierte zahlreiche Nachfragen von seiten der Journalisten. Damit geriet die Frage nach meiner und Dai Qings kurzfristiger Ausladung unvermittelt ins Zentrum der Pressekonferenz. Bereits in den Mittagsnachrichten von ARD und ZDF sowie auf den Webseiten deutscher Medien wurde über den ursprünglich unter Ausschluß der Öffentlichkeit ausgeheckten Vorgang berichtet. Bis zum Nachmittag häufte sich die Berichterstattung zu diesem Thema im Netz, und wenig später trat ein Sprecher des Auswärtigen Amts vor die Presse und gab bekannt, daß das Ministerium Dai Qing und mir die Unterstützung unserer Teilnahme am Symposium zusicherte, falls wir das wünschten.

Das Flugticket für den Lufthansa-Flug von Boston nach Frankfurt um 16:25 Uhr Bostoner Zeit hatte ich noch; die Frage war nur, ob ich diesen Flug wirklich antreten wollte, nur um mich als einfacher Zuhörer auf diesem Symposium zu Wort melden zu können. Hinter Dai Qing stand das deutsche P.E.N.-Zentrum, das für sie als Gast sorgen würde. Ich dagegen kannte in Frankfurt niemanden und würde mich um meine Reiseangelegenheiten selbst kümmern müssen. Aber das war kein wirkliches Hindernis – es ist ein selbstverständlicher Teil meines Lebens, überall ständig in allen Ecken der Welt unterwegs zu sein. Auch wenn Dai Qing auf dem Flughafen in Peking festgehalten würde – ich entschloß mich, zu reisen. Ich war sogar darauf eingestellt, daß ich auf dem Symposium mit Schmähungen zu rechnen hatte oder am Ende gar nicht hineingelassen würde.

Der Flug dauerte die ganze Nacht. Um 5 Uhr am nächsten Morgen, dem 11. September 2009, landete ich auf dem Frankfurter Flughafen. In der Ankunftshalle erwartete mich Thomas Kalmund. Ein seltsames Gefühl, nach zehn Jahren zum ersten Mal wieder in Deutschland zu sein. Kalmund lud mich ein, mich bei ihm zu Hause ein wenig auszuruhen. Mittags hörten wir dann, daß Dai Qing erfolgreich ihr Flugzeug bestiegen hatte und nachmittags um 14:30 Uhr in Frankfurt erwartet wurde. Als mein Gastgeber und ich um 15 Uhr am Flughafen eintrafen, um Dai

abzuholen, fanden wir sie bereits in der Ankunftshalle vor, umringt von einem ganzen Pulk Journalisten.
Ich ging zu ihr, um ihr die Hand zu schütteln. Dai Qing begrüßte mich freudig wie einen alten Waffenbruder: »Bci Ling, da bist du ja!«
Es war richtig gewesen, hierherzukommen.

Angesichts der flächendeckenden Medienschelte sah sich Buchmessen-Chef Jürgen Boos am Abend des 11. September gezwungen, eilends einen offenen Brief an die Medien zu übermitteln, in dem er sein Bedauern darüber ausdrückte, daß es zu Fehlern und Mißverständnissen im Vorfeld des Symposiums gekommen sei, er sich nun aber über meine und Dai Qings Teilnahme freue.[3]
Diese positive Entwicklung wertete ich als Zeichen dafür, daß die Organisatoren der Buchmesse also doch in der Lage waren, rasch klare Entscheidungen zu treffen und begangene Fehler zu korrigieren. Am Morgen des 12. September um 7:30 Uhr erreichte mich telefonisch die Nachricht durch einen Sprecher des deutschen P.E.N.-Zentrums, daß die deutsche Schriftstellervereinigung und die Buchmesse nach einer kurzfristigen Besprechung vereinbart hätten, Dai Qing und mich als ihre Gäste an dem Symposium teilnehmen zu lassen, und daß der Generalsekretär des deutschen P.E.N.-Zentrums, Herbert Wiesner, uns dazu einlade, bei der Eröffnung des Symposiums zu sprechen. Da mit einem großen Presseaufgebot vor dem Veranstaltungsort, dem Instituto Cervantes, gerechnet wurde, erbot sich Wiesner, uns zu begleiten und einen Dolmetscher für die Beantwortung der Fragen der Journalisten zu suchen.
Vor Ort nahm die Angelegenheit erst richtig Fahrt auf.
Dai Qing, ich, Herbert Wiesner und die vom P.E.N. beauftragte Dolmetscherin Susanne Becker-Gonella kamen um kurz nach 9 Uhr am Instituto Cervantes an. Vor dem Eingangsbereich des

---

3 Zitiert nach: Börsenblatt online vom 11. September 2009: ⟨http://www.boersenblatt.net/339098/⟩ (Stand des Abrufs: 15.11.2011)

weitläufigen Gebäudes wartete bereits eine Gruppe von mehr als zehn Journalisten, die Fernsehteams hatten bereits ihre Kameras und Camcorder aufgebaut. Kaum stiegen wir aus dem Taxi, fanden wir uns von Journalisten umringt, die uns mit Fragen bestürmten. Kurz darauf erschienen auch der Vizedirektor der Frankfurter Buchmesse, Thomas Minkus, und Peter Ripken, die uns herzlich willkommen hießen.

Zur Eröffnung der »China und die Welt – Wahrnehmung und Wirklichkeit« betitelten Veranstaltung saßen Dai Qing und ich rechts in der ersten Reihe der Zuhörer, während die offizielle chinesische Delegation sich auf die linke Seite der ersten Reihe verteilte. Gleich nach der Eröffnung durch Jürgen Boos sprach zunächst die Frankfurter Oberbürgermeisterin Petra Roth einige Begrüßungsworte. Sie kritisierte die Leitung der Buchmesse für die »Ungeschicklichkeiten« im Vorfeld. Wer für Demokratie eintrete, müsse »Standfestigkeit« haben: »Auf alle Fälle sollte man, wenn man eine Einladung ausspricht, zu der Einladung stehen.«[4] Für diese deutlichen Worte erntete sie aus dem Publikum regen Applaus, während die Funktionäre, Wissenschaftler und Autoren der chinesischen Delegation sichtlich nervös und ungehalten reagierten. Der ehemalige chinesische Botschafter Chinas in Deutschland, Mei Zhaorong, konnte seine Verärgerung nur schwer verbergen.

Schließlich bat Herbert Wiesner Dai Qing und mich aufs Podium, um ein paar Worte an das Auditorium zu richten. Kaum daß wir beide uns unter Applaus erhoben hatten und im Begriff waren, die Bühne zu betreten, erhob sich der ehemalige Botschafter Mei Zhaorong und mit ihm die übrigen Vertreter der chinesischen Delegation von ihren Sitzen und verließen einer nach dem anderen den Saal. Wiesner versuchte noch, einen Eklat zu verhindern, und rief vom Podium aus: »Das ist die falsche Demonstration. Das ist wirklich nicht kooperativ.«[5]

4 Zitiert nach: Süddeutsche Zeitung online vom 12. September 2009: ⟨http://www.sueddeutsche.de/kultur/vor-frankfurter-buchmesse-eklat-bei-china-symposium-1.49516⟩ (Stand des Abrufs: 15.11.2011)
5 Zitiert nach: SPIEGEL online vom 12. September 2009: ⟨http://www.

Die Veranstaltung wurde trotz der leeren Stühle in den ersten Reihen fortgesetzt. Wir nahmen auf dem Podium Platz und Dai hielt die Begrüßungsrede, die sie vorbereitet hatte. Mit Blick auf die leeren Stühle der chinesischen Delegation meinte sie:»Wir, Bei Ling und ich, waren ursprünglich davon ausgegangen, daß die chinesische Delegation bei diesem Symposium Toleranz und Größe zeigen und uns beide als Teilnehmer dieser Veranstaltung akzeptieren würde. Ich muß gestehen, daß meine Einschätzung offensichtlich falsch war.«

Danach war ich an der Reihe. Ich hatte keine Rede vorbereitet und sprach einfach frei und spontan:»Für mich und Dai Qing ist es wirklich keine angenehme Situation, hier auf dem Podium zu sitzen. Dieser Vorfall wird in die sechzigjährige Geschichte der Frankfurter Buchmesse eingehen. Ich bin zutiefst bestürzt über das, was wir gerade erlebt haben, diesen unglaublichen Akt der chinesischen Delegation, den Saal zu verlassen, weil wir beide das Podium betreten haben. Ein Land und die von ihm entsandten Experten sollten die Größe haben, Menschen mit anderen Meinungen und Werten zu akzeptieren und zu tolerieren, sich auf einem solchen Symposium dem gemeinsamen Dialog stellen und es den Veranstaltern selbst überlassen, wen sie in ihrem eigenen Land als Redner einladen möchten. Dai Qing und ich waren heute morgen davon ausgegangen, daß die chinesischen Funktionäre durch unsere erneute Einladung von ihrer ursprünglichen Haltung und dem Druck auf die Buchmesseleitung Abstand genommen haben, aber es sieht ganz so aus, als hätten wir uns geirrt.

China ist eine starke Nation, aber sie ist auch eine anmaßende Nation. Eine Stärke, die dadurch demonstriert werden soll, andere Meinungen nicht zuzulassen, ist eine Schwäche.

Ich möchte vor allem daran erinnern, daß die Frankfurter Buchmesse die größte und einflußreichste Buchmesse der Welt ist, die-

spiegel.de/kultur/literatur/0,1518,648602,00.html〉 (Stand des Abrufs: 15.11.2011) jenige, die am meisten auf die Kraft der Literatur baut und seit ihrer Neugründung 1949 konsequent für ihre grundlegenden Werte wie die Freiheit des Worts und des Verlegers eingetreten ist. Das ist ein fester Bestandteil ihrer Tradition. Ganz gleich, welcher Druck von außen ausgeübt wird, sollte man daher ohne Wenn und Aber an diesen Grundsätzen festhalten. Ich bin sehr dankbar dafür, daß Sie heute diese Grundsätze verteidigt haben.

Ich bin mir sicher, daß sich auf der Buchmesse im Oktober noch viel mehr Stimmen in allen Tonlagen und Facetten hören lassen werden, Dissidentenstimmen, die aus dem Chor herausstechen und manchem schmerzhaft in den Ohren klingen werden. Weder das Chinesische Presse- und Informationsamt noch stärkere Mächte werden in der Lage sein, diese Stimmen zum Schweigen zu bringen. Als Ehrengäste der Frankfurter Buchmesse werdet ihr Autoren, Experten und Verleger aus der Volksrepublik China keine andere Wahl haben, euch diesen Stimmen zu stellen, ihnen zuzuhören und mit ihnen in einen Dialog zu treten.«

Meine simultan gedolmetschte Rede wurde mit herzlichem Applaus aufgenommen, einige Zuhörer erhoben sich, um lautstark gegen das unhöfliche Verhalten der chinesischen Delegation zu protestieren. Jürgen Boos betrat das Podium und äußerte seine Enttäuschung über das Verhalten der chinesischen Delegation. Viele Zuhörer gerieten in Rage:»Das hier ist Deutschland und nicht China!« riefen einige.

Wegen der unvorhergesehenen Vorfälle bat Boos um eine außerplanmäßige Pause, und sofort wurden Dai Qing und ich erneut von Journalisten umringt. Nach einer halben Stunde betrat die chinesische Delegation wieder den Saal. Es herrschte vollkommene Stille. Die Herren in ihren steifen Anzügen nahmen ihre Plätze wieder ein und Boos betrat gemeinsam mit Mei Zhaorong das Podium.

Sichtlich peinlich berührt, mit einem Ausdruck des Bedauerns auf dem Gesicht, entschuldigte sich Boos bei der chinesischen Delegation dafür, daß man Dai Qing und mich, ohne sich darüber vorher mit der chinesischen Seite zu verständigen, aufs Podium gebeten hatte. Man habe sich gegenüber der chinesischen Delegation respektlos gezeigt. Diese Entschuldigung sorgte bei mir und meiner Mitstreiterin und im gesamten Publikum für Verblüffung. Die Atmosphäre im Saal gefror. Danach ergriff Mei Zhaorong das Mikrofon und kritisierte die deutschen Organisatoren aufs schärfste, weil sie mit ihrer eigenmächtigen Entscheidung das Chinesische Presse- und Informationsamt als Mitveranstalter des Symposiums mißachtet hätten. Mit wutverzerrtem Gesicht deutete er mit dem Finger auf Dai Qing und mich und sagte: »Diese Frau und dieser Mann können niemals für das chinesische Volk sprechen.« Er schloss, indem er seine Stimme erhob und proklamierte, man sei »zu einem Meinungsaustausch gekommen, nicht um Lektionen in Sachen Demokratie erteilt zu bekommen. *Die* Zeiten sind vorbei.«[6] Den letzten Satz sagte er zweimal, mit solchem Nachdruck, als habe er den triumphalen Ton der Worte des Großen Vorsitzenden Mao Zedong bei der Proklamation der Gründung der Volksrepublik China am 1. Oktober 1949, der ihm von klein auf eingetrichtert worden war, noch übertrumpfen wollen: Das chinesische Volk hat sich erhoben.

Im Laufe seiner Strafpredigt an die deutsche Öffentlichkeit kam er so richtig in Fahrt. Er fuhr weitere Geschütze gegen die deutsche Presse auf, die China schon seit langem mit »Vorurteilen und Schmähungen« überziehe und behauptete, daß China als Gastland der Buchmesse und insbesondere im Vorfeld dieses Symposiums böswilligen Angriffen durch die deutschen Medien ausgesetzt gewesen sei und die Gesellschaft in Deutschland durch einseitige Berichterstattung in die Irre geführt werde. Die chinesische Delegation habe eben den Saal verlassen, weil die deutsche Seite sich nicht wie vereinbart mit ihrem Mitveranstalter, dem Chinesischen Presse- und Informationsamt, abgestimmt und eigenmächtig gehandelt habe. Da der Direktor der Buchmesse sich

6 Zitiert nach: Frankfurter Rundschau online, 14. September 2009: ⟨http://www.fr-online.de/kultur/china-symposium-der-buchmesse-das-desaster,1472786,2906080.html⟩ (Stand des Abrufs: 15. 11. 2011)

jedoch angemessen entschuldigt habe, sei die Delegation wieder in den Saal zurückgekehrt. Die Zuschauer lehnten sich daraufhin in ihren Sitzen zurück und warteten auf den eigentlichen Beginn des Symposiums.

Eine abgedroschene Anekdote

Wir befanden uns also unversehens mit der offiziellen chinesischen Delegation im kalten Krieg und saßen einander mit grimmig gerunzelter Stirn gegenüber. Dai und ich waren ein Teil des Publikums und mußten Handzeichen geben, um von den Diskussionsleitern das Wort erteilt zu bekommen. Während der gesamten Dauer des Symposiums wurden keine Handouts verteilt, die Sprecher schienen ihre Vorträge aus dem Stegreif zu halten. Ich hatte eine Präsentation verfaßt. Die Diskussionen auf dem Podium blieben vage und oberflächlich, es wurde aus dem Bauch heraus diskutiert. Der Forderung nach mehr Zeit für Fragen aus dem Publikum wurde keine Beachtung geschenkt. Ich selbst hob am ersten Tag kein einziges Mal die Hand; nur bei der letzten Sitzung des Symposiums mit dem Titel »Die Rolle der Literatur – in Gefahr oder notwendiger denn je?« wollte ich mich zu Wort melden.

Am 13. September sollte also die Rolle der Literatur verhandelt werden. Hauptredner auf dem Podium war der Schriftsteller Mo Yan, der zum Abschluß seines Vortrags eine alte Anekdote über Goethe und Beethoven zum besten gab, die in China jedes Kind kennt. Es gibt verschiedene Varianten dieser Geschichte. Die von Mo Yan vorgetragene lautete so: Beethoven und Goethe gingen eines Tages gemeinsam spazieren, als sie auf die vorbeifahrende Kutsche des Kaisers trafen. Goethe sprang sofort zur Seite, machte eine Verbeugung, neigte dann das Knie und erwies dem Kaiser mit gezogenem Hut und gesenktem Haupt seinen Respekt. Beethoven dagegen blieb hoch erhobenen Hauptes stehen und setzte unverdrossen seinen Weg fort.

Als junger Mensch, so Mo Yan, habe er die Haltung Beethovens bewundert und die Goethes verachtet. Heute, mit über fünfzig Jahren, wo er etwas fortgeschritteneren Alters sei, gelte sein ungeteilter Respekt und sein Verständnis der Haltung Goethes. Als die Runde für Fragen aus dem Publikum geöffnet wurde, übersah der Diskussionsleiter Guan Yuqian lange Zeit geflissentlich meine Wortmeldung, bis ihn endlich einer der anderen Literaten, die neben ihm auf dem Podium saßen, auf mich aufmerksam machte. Ich griff zum Mikrofon, stellte mich vor die chinesische Delegation und sagte: »Sehr geehrte Herren aus Peking. Auch ich bin aus Peking. Ich war hier als Redner eingeladen und wurde um meine Einladung betrogen, nun nehme ich mein Recht als Zuhörer war und möchte mit Ihnen über Literatur reden. Wir sprechen hier über die Krise der Literatur, aber bislang ging es nur um Prosa. Niemand verlor auch nur ein Wort über die wichtige Tradition der chinesischen Lyrik. Mich würde interessieren, ob denn in Ihren Augen Lyriker und ihre Werke gar nicht existent sind?«

Mein letzter Besuch in Deutschland lag zehn Jahre zurück. Nun war ich wieder hier und hatte eine zweisprachige Ausgabe der Werke Paul Celans im Gepäck. In jahrelanger Arbeit, auf meinen Reisen zwischen Paris, Boston, Peking und Taipeh, vom *Tendenzen*-Redaktionsbüro im Bostoner Southend und in der Gongguanjie in Taipeh habe ich mit Hilfe zahlreicher Telefonate, Netzwerke, Zeitungen, dank der Unterstützung des Übersetzers Meng Ming, des Layouters Yun Yi, von Rolf-Peter Wille und zehn weiteren deutschen und chinesischen editorischen Beratern zur Tages- und Nachtzeit das Zustandekommen dieser Bände bewerkstelligt. Die beiden Bände enthalten eine Biographie Celans sowie eine deutsch-chinesische Ausgabe seiner gesammelten Gedichte und umfassen gut 640 Seiten.

Ich fuhr fort: »Ich bin vor allem deshalb in Deutschland, um Paul Celan meine Reverenz zu erweisen. Er und seine Gedichte gaben mir während der ganzen Zeit meines Exils Halt, für mich ist er einer der Dichter, die im zwanzigsten Jahrhundert am meisten gelitten haben; er hat Gedichte von großer Tiefe hinterlassen.

Seine wiederholten Warnungen vor dem im Nachkriegsdeutschland fortlebenden nationalsozialistischen Geist, sein feiner Spürsinn und seine Sensibilität gegenüber der Leugnung der Nazi-Vergangenheit sind bekannt. Auch ohne deutsche Staatsbürgerschaft nahm man ihn in Deutschland auf und seine Werke wurden zum Stolz deutschsprachiger Dichtung. Er wurde mit zahlreichen Preisen geehrt, unter anderem mit dem Büchner-Preis. Ich würde gerne von den hier anwesenden chinesischen Rednern wissen, ob so etwas in China heutzutage möglich wäre?«

Niemand antwortete.

»Kennt überhaupt jemand von Ihnen Paul Celan?«, fragte ich, meinen Celan-Band hochhaltend.

Immer noch keine Antwort. Es war, als würden die auf dem Podium sitzenden Chinesen nicht wissen, wovon ich sprach. »Sie sprechen hier über Goethe und Beethoven, aber in Deutschland gibt es ja wohl mehr als das. Vielleicht hätten Sie sich vor Ihrem Kommen etwas über deutsche Literatur informieren sollen . . .«

Ich konnte nicht ausreden, da mich der Diskussionsleiter Guan mit wütenden Beschimpfungen unterbrach. Erbost drehte ich mich zu ihm um und forderte mein Rederecht ein. Dann fuhr ich fort: »Mo Yan hat gerade eine alte Sage aus dem neunzehnten Jahrhundert erzählt, die in China jeder kennt, auch ich habe sie als Kind oft gehört. Aber er hat sie nicht ganz zu Ende erzählt. Als nämlich der mächtige Kaiser vorübergezogen war, fragte Goethe Beethoven ungehalten, warum er denn die dem Kaiser gegenüber angebrachten Ehrbezeugungen unterlassen habe, worauf Beethoven stolz antwortete: ›Es gibt viele Kaiser auf der Welt, aber nur einen Beethoven.‹ Im Gegensatz zu Mo Yan gilt mein Respekt bis heute der Haltung Beethovens, wenn ich auch Goethes ehrerbietige Verbeugung heute besser verstehe.«

Ich war enttäuscht. Das war also das Internationale Symposium, das mit so hohem Anspruch angetreten war, dem es aber meiner Ansicht nach an Meinungspluralität und gleichberechtigtem

Austausch von Ideen mangelte. Die ganze Zeit über herrschten eine Atmosphäre der Feindseligkeit und eine latente Nervosität. Die wiederholte Forderung nach mehr Zeit für Fragen aus dem Publikum wurde von den Gastgebern meinem Gefühl nach übergangen. Ich hörte keinen wirklichen Fachbeitrag zum Thema »Literatur – in Gefahr oder notwendiger denn je?«, und Dai Qing hörte nichts Neues zum angekündigten Thema »China in den Augen der Medien«. Statt dessen nutzte der ehemalige chinesische Botschafter diese Veranstaltung dazu, die Teilnehmer abzukanzeln. Die von seiten der Chinesischen Akademie der Wissenschaften angetretenen Experten ermahnten ein um das andere Mal den Westen, endlich China verstehen zu lernen. So wurde die ganze Veranstaltung vom Presse- und Informationsamt der Volksrepublik dominiert und das Symposium geriet zu einer Propagandaveranstaltung, die Chinas Aufstieg zu einer Großmacht in den Bereichen von Kultur, Politik, Wirtschaft und Literatur zeigen sollte.

Die Frankfurter Buchmesse 2009

Am Vorabend der Messe suchte ich vor Beginn der Eröffnungszeremonie um 17 Uhr nach meinem Sitzplatz in der Frankfurter Festhalle, als ich Dai Qings Stimme hörte, die mich rief. Sie war ein zweites Mal von Peking nach Frankfurt gekommen. Ich bemerkte, wie sorgfältig und formell sich Dai Qing gekleidet und geschminkt hatte, sie wirkte ernst und gesetzt. Für mich sah es so aus, als seien wir beide für die Leitung der Buchmesse ein Symbol ihrer Souveränität als Gastgeber und gleichzeitig der permanente Dorn im Auge der offiziellen chinesischen Delegation. Wir saßen auf der rechten Seite der Halle unter den deutschen Gästen, während der mittlere Bereich beinahe vollständig mit Gästen aus China besetzt war. Wir saßen am Rand des rechten Blocks, nur durch einen Korridor von der chinesischen Delegation getrennt. In dem Moment, in dem der stellvertretende Staats-

ratsvorsitzende Xi Jinping in einem dunkelblauen Anzug und ro-
ter Krawatte und die deutsche Bundeskanzlerin Angela Merkel
in einem grauen Kostüm in den Saal traten, nahm eine Gruppe
ernst dreinblickender, in Zivil gekleideter Herren vom chinesischen Geheimdienst auf den Gangplätzen des mittleren Blocks
Platz. Sie trugen schwarze Koffer und Funkgeräte bei sich und
musterten mit gespielter Unauffälligkeit die Reihen der geladenen Gäste auf der anderen Seite. Fürchtete man etwa ein Attentat auf den Kaiser?

Unserem Staat fehlt es an Phantasie.

Andererseits reichte selbst meine Phantasie nicht aus, um mir
vorzustellen, wie diese Messe für mich enden würde. Am 18. Oktober organisierte das vom deutschen Auswärtigen Amt getra-
gene Internationale Zentrum der Messe eine Abschlußveranstal-
tung mit anschließendem Empfang. Am Vormittag desselben Tages informierte mich Peter Ripken darüber, daß meine für diese
Veranstaltung vorgesehene Rede auf Wunsch des Auswärtigen
Amts abgesagt worden sei. Ich erfuhr von Dai Qing, daß auch ihr
von Ripken mitgeteilt worden sei, daß sie bei der Abschlußver-
anstaltung des Internationalen Zentrums ihre geplante Rede nicht
halten dürfe. Ein weiteres Mal sollten also unsere Stimmen nicht
gehört werden. Dai Qing war empört und protestierte nicht nur
gegenüber Ripken persönlich, sondern informierte auch sofort
einen Journalisten der *Frankfurter Rundschau* über diesen Vorgang. Kurz darauf gaben Dai, Ripken und ich deutschen und
taiwanesischen Journalisten einige telefonische Interviews. Ich
betonte gegenüber den Medien, daß die Schuld nicht bei Ripken
zu suchen sei, der ja schließlich nur eine Entscheidung des Auswärtigen Amts weitergegeben habe. Das Auswärtige Amt allerdings hatte in meinen Augen mit dieser kurzfristigen Absage die
verheerende Politik der Buchmesse bei der Organisation des Symposiums einen Monat zuvor noch einmal übertrumpft. Es war
bedauerlich, daß die Buchmesse in diesem Fall nicht in der Lage
war, die Weisung des Auswärtigen Amts zu mißachten, wie sie es
vor zwanzig Jahren im Falle des Iran schon einmal getan hatte.

Am Morgen des 19. Oktober ließ die Direktion der Frankfurter Buchmesse bekanntgeben, dass Ripken von seinem Amt als Leiter des Internationalen Zentrums der Frankfurter Buchmesse mit sofortiger Wirkung entbunden sei. Als Grund dafür nannte man, daß es »anhaltende Abstimmungsschwierigkeiten mit dem Gastland«[7] gegeben habe.

Peter Ripken war zwanzig Jahre zuvor in seiner Funktion als *Litprom*-Geschäftsführer einer der ersten gewesen, die für Salman Rushdie eingetreten waren und die iranische Regierung öffentlich angeklagt hatten. Anfang März 1989 wurde in 44 Zeitungen in zwanzig Ländern der Welt ein Aufruf des »Komitees zur Verteidigung von Salman Rushdie« publiziert. Ripken war einer der zweihundertfünfzig Unterzeichner und *Litprom* die einzige deutsche Organisation, die den Aufruf unterschrieben hatte. Mit diesem Mut war es nun offenbar vorbei. Als Leiter des Internationalen Zentrums machte er der übermächtigen chinesischen Despotie, die sich hier als Supermacht auch in ihrer kulturellen *Softpower* präsentierte, immer wieder Zugeständnisse und geriet von einem Dilemma ins nächste. Daß er schließlich aus seiner Funktion entlassen wurde, war das peinliche Ende eines langen und mutigen Engagements.

Im Oktober 1997 war ich zum ersten Mal in die imponierende Welt der Frankfurter Messe eingetreten und in die Wogen dieses Büchermeers eingetaucht. Ein Schriftsteller, der sich sein ganzes Leben lang nur hinter seinem Schreibtisch versteckt, wird immer nur ein Sandkorn im weiten Meer bleiben. Es gilt, hin und wieder Flagge zu zeigen und nicht einfach nur mit dem Strom zu schwimmen.

Bücher, nicht Staaten und Regierungen machen den Stellenwert und die Geschichte der Frankfurter Buchmesse aus. Büchern gegenüber sind Staaten bedeutungslos, und wer sich von ihnen in-

---

7 Zitiert nach: Die Welt online, 19. Oktober 2009: ⟨http://www.welt. de/kultur/article4897469/Buchmesse-schmeisst-Peter-Ripken-raus. html⟩ (Stand des Abrufs: 15.11.2011)

strumentalisieren läßt, ist peinlich. Chinesische Dissidenten, Andersdenkende und Exilschriftsteller fochten auf dieser Messe 2009 gegenüber ihrem Staat einen aussichtslosen Kampf aus, aber damit traten sie in die großen Fußstapfen vieler ihrer unsterblichen Vorgänger.

2 Vom literarischen Untergrund

Suche nach Wahrheit – die Mauer der Demokratie an der Xidan-Kreuzung in Peking

Den schrägen Strahlen der Abendsonne entlang – nein: entlang dem Lauf der Zeit. Ein Student auf einem Fahrrad, er radelt vom Stadtteil Xuanwu durch den Guang'anmenwai-Boulevard Richtung Norden, vorbei an Caishikou und der Taoran-Pagode. An der Shuangjing-Brücke biegt er links ab in den Guang'anmenwai-Boulevard. Den eisigen Nordwind im Gesicht und die lange Straße vor sich, sucht er die unbekannte Adresse. Die Grenzüberschreitung, die er vor sich hat, ist keine gewöhnliche. Folgte sein Leben bislang auch keinem festgelegten Muster – von diesem Tag an würde der Staat den weiteren Verlauf seines Lebens bestimmen.
Es war ein Winternachmittag Anfang 1979.
Ich schob mein Fahrrad unter den wachsamen Augen des Pförtners durch das Eingangstor, vorbei an den auf dem Gelände verstreuten alten Flachbauten. Eine Pekinger Baufirma für Industrieanlagen. Im Büro der Buchhaltung saß Ren Wanding und wartete ruhig auf das Eintreffen der Gäste.
Die Dämmerung brach herein, unversehens war es Abend geworden. In dem schummrigen Büro erhellte das fahle Licht der schwachen Glühbirnen nur undeutlich die Gesichter von einem Dutzend Männern, die um die Wette zu rauchen schienen. Man kannte einander nicht. Jeder von ihnen benahm sich vorsichtig, ängstlich, alarmiert. Keiner glaubte so recht, daß der Name und der Beruf, mit dem sich ein jeder vorstellte, echt waren, jeder war damit beschäftigt zu raten, hinter welchem Namen sich ein *Leizi*[8]

---

[8] *Leizi*, wörtlich »Donnerwetter«, ist ein Begriff für »Polizeispitzel« im Pekinger Dialekt.

verbarg. Nur bei Ren Wanding war man sich sicher. Sein Name, seine Arbeitseinheit waren zweifellos echt. Und echt war auch die Freundlichkeit, mit der er jedem eine Schale Tee einschenkte und aufdrängte. Er war es, der uns alle eingeladen hatte. Ren Wanding. Wie typisch chinesisch, wie bäuerlich dieser Name war. Er war klein und hager und trug eine wattierte Jacke mit Knöpfen in chinesischem Stil. Aufmerksam, ein wenig unsicher, nicht besonders selbstbewusst, blickte er hinter seinen schwarz geränderten Brillengläsern hervor. Jede seiner Gesten, seine ganze Aufmachung war altmodisch. Ein Buchhalter aus der »alten Gesellschaft«, wie sie einem kommunistische Propagandafilme vorführten. Mein Eindruck war, daß er, wohl als einziger in unserer Runde, niemandem etwas vormachte. Es handelte sich um das erste Treffen der Chinesischen Liga der Menschenrechte. Eine solche Versammlung war damals, in meinem gerade einmal neunzehnjährigen Leben, eine unerhörte Erfahrung, ein Schock, den ich auch nach vielen Jahren nie vergessen habe.

Ren Wanding war mutig und mehr als das, er war der erste unter den Mutigen, einer, den es eigentlich gar nicht geben konnte. Selbst die Mauer der Demokratie war verglichen mit seinen Taten ein Witz. Als andere Dissidenten es noch lange nicht wagten, sich zu organisieren, gründete er die »Chinesische Liga der Menschenrechte«, die bis heute als »konterrevolutionär« verboten ist. In aller Öffentlichkeit prangte seine Wandzeitung, in der er um Mitglieder warb, an der Mauer der Demokratie, und dort suchte er auch öffentlich nach Redakteuren für die Zeitschrift *Menschenrechte in China*. Menschenrechte. Das war im damaligen China selbst an der Mauer der Demokratie eine fremde, befremdliche Idee. Alles, was man damals zu fordern wagte, waren Demokratie und die Wiedergutmachung von Unrecht, falschen Anschuldigungen und Justizirrtümern während der Kulturrevolution, die noch nicht lange zurücklag.

Ich weiß bis heute nicht genau, wie ich über die erste Hürde, den Besuch der Mauer der Demokratie, so unvermittelt in die Liga der Menschenrechte hineingestolpert war, ob mich damals das unerhörte Wort *Menschenrechte* magisch angezogen hat, oder ob es vielleicht einfach Ren Wandings unvoreingenommene Haltung war, seine Art, jeden von außen Kommenden mit offenen Armen zu empfangen und ihm vorbehaltlos zu vertrauen, ihn sogar gleich mit Aufgaben zu betrauen. Und dann noch so einen wie mich, der ich damals noch ein unerfahrener Grünschnabel war, der den tüchtigen Studenten mimte.

Ich kannte an jenem Abend, an dem ich der Jüngste war, nur einen der Anwesenden: Ein Freund von mir, Zhou Xiaowan, arbeitete in der Bibliothek der Pekinger Filmhochschule. Zumindest bei ihm wußte ich, daß sein Name und die Angabe seines Arbeitsplatzes stimmten. Ich besuchte ihn am darauffolgenden Wochenende, machte mich mit dem Fahrrad zum Desheng-Tor auf, von wo aus der Bus Nr. 345 Richtung Changping losfuhr. Ich stieg in den Bus, ein typischer, rumpelnder Überlandbus, der sich unterwegs zunehmend mit lärmenden Passagieren füllte, und kam nach einer guten halben Stunde, in der ich kräftig durchgeschüttelt worden war, in Zhuxing im Kreis Shahe an, wo ich aussteigen mußte. In der staubigen, grauen Einöde dieser nördlichen Vorstadt stand ich vor dem Eingangstor der Pekinger Filmhochschule, die von Feldern umgeben war. Dieses Tor und sein Schriftzug wurden für mich damals zu einem Symbol grenzenloser Freiheit. Es war die Zeit der strikten und radikalen Durchsetzung der Schreibung von Kurzzeichen. Die ganz im kantigen Kalligraphiestil nach Meister Yan[9] gehaltene Inschrift *Peking dianying xueyuan*, *Pekinger Filmhochschule*, fesselte meine Aufmerksamkeit. Das Zeichen *ying* von *dianying* für *Film* erschien mir immer schon als eine sehr ungeschickte Abkürzung des alten Langzeichens, das Kurzzeichen las sich wie »Brunnen mit Bart« statt »Bild«. Als ich vor dem Tor stand, waren bereits

9 Der *Yan*-Stil, benannt nach dem Kalligraphen Yan Zhengqing (708-84), ist einer der drei wichtigsten Kalligraphie-Stile Chinas.

Winterferien und die Bibliothek war geschlossen. Xiaowan ließ mich zur Hintertür hinein. Die Bibliothek war ein Fest für die Sinne. Ich konnte meine Augen nicht von den Bildern abwenden und sah die von weiblichen Schönheiten wie von Wolken durchzogenen Poster und Filmbücher an, während ich seinen fachkundigen Erläuterungen zuhörte. Er zog für mich sogar die im Archiv bei den besonders wertvollen Bibliotheksschätzen aufbewahrten alten Spielfilmrollen hervor. Xiaowan wohnte damals in einem dieser ärmlich ausgestatteten Studentenwohnheime, wo ich auf einer Matratze auf dem Boden übernachten konnte. Tagsüber tauchten wir in der Bibliothek ab. Außer wenn wir uns kurz zwischendurch in der Mensa etwas zu essen holten, war ich dort bis tief in die Nacht am Stöbern. Unser Motto war damals: Das Schicksal Chinas liegt in der Hand jedes einzelnen. Wir waren jung und hitzköpfig, wir diskutierten von früh bis spät über den Staat, das Leben, unsere Ideale, es gab nichts, worüber wir nicht redeten. Nach drei Tagen schwindelte uns der Kopf, und es versagten uns die müden Beine beim Gehen.

In diese Zeit fiel auch das erste Redaktionstreffen für die Zeitschrift *Menschenrechte in China*. Nachdem Ren Wanding erläutert hatte, was er sich unter den wesentlichen Inhalten der Publikation vorstellte, wurde ich von ihm zu einem der Redakteure ernannt. Ich fühlte mich wie ein Soldat, der auf das Schlachtfeld geschickt wird, noch bevor er sein Gewehr zu halten versteht. Über ein paar hastig per Hand gekritzelte Manuskripte gebeugt, die es zu prüfen und korrigieren galt, widmeten wir uns der Korrektur von Schreibfehlern und Wendungen, während wir uns darauf verständigten, welche Beiträge in die erste Ausgabe aufgenommen werden sollten. An jenem Tag erhielt ich auch einen Aufnahmeantrag für die Chinesische Liga der Menschenrechte; ich habe ihn niemals ausgefüllt.

Kurz darauf, im Frühjahr 1979, erschien die erste Ausgabe von *Menschenrechte in China* in einer Auflage von 32 Exemplaren. Die Druckqualität war miserabel. Da der Inhalt im offiziellen

Jargon »reaktionär« war, mußte die Zeitschrift versteckt werden, was sich als schwierig erwies. Ich war Student und wohnte in einem engen Siebenbettzimmer im Studentenwohnheim. Vier meiner Mitbewohner waren Parteimitglieder und noch dazu mindestens fünf Jahre älter als ich. Die an der Mauer der Demokratie erworbenen Untergrundzeitschriften versteckte ich für gewöhnlich in meiner zusammengerollten Baumwollmatratze. Von dort holte ich sie hin und wieder hervor, um sie mit anderen »konterrevolutionär« gesinnten Kommilitonen zu teilen. Mir war klar, daß es mit meinem Studium vorbei sein würde, wenn einer meiner Zimmergenossen mit Parteibuch oder einer der systematisch zur Inspektion erscheinenden politischen Instrukteure die verbotenen Schriften oder gar den Antrag auf Mitgliedschaft in der Chinesischen Liga der Menschenrechte bei mir finden würde.

Schon im Frühjahr 1979 bekam die so solide und geschlossen wirkende Mauer erste Risse. Im Lauf der Zeit klebten an der Mauer der Demokratie in Xidan über zehn verschiedene Untergrundzeitungen. Die erste war die Kulturzeitschrift *Aufklärung* der sogenannten »Gesellschaft für Aufklärung« aus Guizhou, gefolgt von den politischen *Erkundungen*, dem *Pekinger Frühling*, *Forum Fünfter April*, dem geisteswissenschaftlichen Magazin *Löß*, der Untergrund-Literaturzeitschrift *Heute* und schließlich noch der von Studenten aus Wuhan herausgegebenen populären Studentenzeitschrift *Unser Zeitalter*.

Die Pekinger Finanz- und Handelsschule war eine winzige Hochschule in einer kleinen Gasse im Bezirk Xuanwu hinter dem Guang'anmen-Tor – so klein, daß man darin zu ersticken glaubte. Bis nachmittags war ich völlig geistesabwesend und lethargisch. Ich gähnte in einem fort über diesen Büchern, die mit einfachen Worten schwere Fragen erklären wollten, wie »Einführung in die politische Ökonomie« von Su Xing und Yu Guangyuan oder »Economics« des bedeutenden Keynesianers Paul A. Samuelson in chinesischer Übersetzung. Während der Lektüre dieser Bücher, die mir schwer verständlich und langweilig erschienen, dachte ich die ganze Zeit daran, etwas für die aufrüh-

rerischen Wandzeitungen und Spruchbänder an der Mauer der
Demokratie zu schreiben, um schließlich unbemerkt aus dem Stu-
dierzimmer zu schlüpfen und mir unten im Hof aus den überfüllten Fahrradstellplätzen mein Rad zu schnappen. Raus aus dem
Tor, aufgesessen, und schon schoß ich wie ein Pfeil los. Sämtliche
roten Ampeln mißachtend, ging es weiter durch die Guoniu-Stra-
ße, den Caishikou-Boulevard. Ich ließ die Lenkstange los und
fuhr freihändig. So sauste ich bis Xidan. Wenn ich dann wohl
oder übel kurz vor dem Ziel an der roten Ampel der Kreuzung
Chang'an und Xidan anhalten mußte, sah ich schon die Men-
schenmenge vor mir, die lesend an der Mauer der Demokratie
vorbeizog.
Das war meine wahre Universität, das war mein Lehrbuch.

Der Caishikou-Boulevard war als Zwischenstation auf meinem
Weg zwischen der Hochschule und der Mauer der Demokratie
ein Muß. Das Haus von Chen Lü in einer der Seitengassen des
Boulevards wurde zu einem Treffpunkt der Mitglieder der Chinesischen Liga der Menschenrechte. Dort gingen viele Leute ein
und aus, und auf meinem Weg gesellte ich mich oft dazu, trank
eine Schale Tee und redete mit den anderen über unsere Eindrük-
ke von den neuesten Wandzeitungen an der Mauer. Chen Lü war
jemand, der den ganzen Tag über mit wichtigen Angelegenheiten beschäftigt schien, ein hagerer, wortkarger Typ, dessen Stirn
immer in tiefen Falten lag. Ihm war die schwere Bürde eines Un-
tergrundarbeiters ins Gesicht geschrieben.
Auch die erste Ausgabe von *Menschenrechte in China* klebte Seite für Seite an der Mauer der Demokratie, an der in einem kon-
tinuierlichen Strom die Köpfe der Leser vorbeizogen. Die Druck-
ausgabe der Zeitschrift wurde uns vor der Mauer geradezu aus
den Händen gerissen und war im Nu ausverkauft. An einem
Nachmittag des darauffolgenden Monats dann die große Überraschung: An der Mauer der Demokratie fand man nebeneinander zwei Poster, das eine von Ren Wanding unterzeichnet, das
andere von Chen Lü, die jeweils das Engagement des anderen

für die Liga der Menschenrechte als miserabel beschimpften. Es war ein Schock für mich. Die Liga der Menschenrechte war bereits kurz nach ihrer Gründung in zwei Lager gespalten. Das passierte alles so schnell und auf eine so dramatische und einschneidende Art, daß in meinem noch sehr unerfahrenen Kopf die Alarmglocken schrillten. Die Mitglieder der Organisation, die sich nun zwischen zwei Personen zu entscheiden hatten, die sich beide als die rechtmäßigen ideologischen Führer der Gruppe bezeichneten, wußten nicht recht, was sie tun sollten. Ich hielt mich raus.

Das war meine erste Beteiligung an einer Zeitschrift, auch wenn ich nun ein Redakteur war, dem noch vor dem Einzug in den Kampf die Waffen unbrauchbar gemacht wurden. Und es war meine erste Beteiligung an einer oppositionellen Organisation. Statt an der Universität erhielt ich meine wahre Ausbildung von den Dissidenten, die an der Mauer der Demokratie auf- und wieder abtauchten, in den rauchigen, überfüllten Teestuben, in den kleinen Parks, in denen prominente Intellektuelle leidenschaftliche Reden schwangen, in der Abteilung für ausländische Literatur des Xinhua-Buchladens, in den Diskussionszirkeln der Zeitschrift *Heute* (*Jintian*) im Haus von Zhao Nan in der Zhang-Zizhong-Straße Nr. 4, im »Freundschaftshotel« und dem »Hotel der Überseechinesen«, auf den Wochenendparties der Pekinger Fremdsprachenhochschule oder der Volksuniversität, und auch bei den verbotenen Engtanzveranstaltungen in abgedunkelten Kellerräumen. Ich floß geradezu über vor Energie. Zum einen war ich Tag und Nacht irgendwo unterwegs, zum anderen quälte ich mich aber auch durch die faden Pflichtveranstaltungen meines Studiums. Handel, Buchhaltung, Statistik und dergleichen standen auf dem Lehrplan; aber ich wollte etwas anderes. Meine Freunde von damals waren alle älter als ich, und ich übte mich eifrig darin, mit ihnen unermüdlich über die »große Politik« zu diskutieren. Im Frühjahr 1981, ich war im dritten Universitätsjahr, rief ich, das Vorbild von Lech Wałęsas unabhängiger Gewerkschaftsbewegung vor Augen, an der Pekinger Finanz-

und Handelshochschule zur Sammlung von Unterschriften für die Abschaffung des von der Regierung eingesetzten Studentenverbands und zur Gründung eines selbstgewählten, unabhängigen Studentenverbands auf. Zu meiner eigenen Überraschung hatten sich am nächsten Tag bereits über vierhundert Unterzeichner gefunden. Anderntags stand ich früh auf und verfaßte zusammen mit meinem Mitstreiter Shi Tao mit schwungvoller Kalligraphie ein von beinahe der Hälfte aller Studenten meiner Hochschule unterschriebenes Wandposter, mit dem ich die ganze Länge des Korridors im Hauptgebäude beklebte. Zwei Tage später gingen Shi Tao und ich als Vertreter der Studenten in das Büro des Rektors, um mit ihm über die Einführung von Wahlen zu einem unabhängigen Studentenverband zu verhandeln. Das war keine Kleinigkeit. Der Rektor war ein Revolutionär alter Schule, der an der revolutionären Studentenbewegung von 1938 beteiligt gewesen war. Er war sehr freundlich und höflich, komplimentierte uns jedoch schließlich mit einem ausweichenden »Wir werden mal sehen« hinaus. Es dauerte nicht lange, bis die auf allen Ebenen der Universität vertretenen Parteimitglieder mit vereinten Kräften unsere Bewegung auflösten. Unter dem Druck der Hochschulleitung, die einen Keil zwischen uns trieb, indem sie mit dem Verlust des Studentenstatus für die ›Unbelehrbaren‹ drohte, blieb von Hunderten von Studenten kein einziger mehr, der seinen Namen unter unsere Forderung setzte. Selbst Shi Tao ließ mich im Stich. So blieb ich ganz allein als Unruhestifter übrig. Eine Woche später wurde eine »Versammlung zur Belehrung des Kommilitonen Huang Bei Ling« einberufen. Mit gesenktem Haupt mußte ich eine Selbstkritik mit dem Titel »Ich habe noch nicht gründlich genug studiert« schreiben. Damit entkam ich immerhin mit knapper Not der zwangsweisen Exmatrikulation.

Nach dem Examen hatte ich zunächst keinen festen Wohnsitz in Peking, ich wechselte zwischen Guang'anmenwai, Xidan und dem ehemaligen Gelände der Pekinger Hochschule für Petroleum. Die erste Ausgabe von *Menschenrechte in China* trug ich stets bei mir, bei jedem neuen Umzug nahm ich sie mit. Ich war vorsichtig und hielt sie gut versteckt; sie konnte mir in dieser Zeit vielleicht unangenehm werden, aber nicht wirklich gefährlich. Erst nach 1989 entschloß ich mich, sie lieber jemand anderem anzuvertrauen, der sie mit nach Hongkong nahm. Sie wanderte durch einige Hände, bis sie Jahre später in New York wieder bei mir landete und mich fortan auf meinen Stationen durch die USA begleitete.[10]

Jenes erste konspirative Treffen werde ich nie vergessen. Die schemenhaften Gesichter im Halbdunkel, diese Menschen, die trotz der harten Zeiten, die wir durchmachten, den Mut hatten, zu dieser Versammlung zu kommen – was wohl aus ihnen geworden ist? Außer mit Ren Wanding hatte ich mit keinem von ihnen je wieder Kontakt.
Ich würde sie gerne suchen gehen.
Ganz ehrlich, das werde ich tun.

Die Zeitschrift *Jintian* (*Heute*) und die ersten Sprößlinge der Untergrundliteratur

Alles kommt von den Büchern. Es waren immer Bücher, über die ich meine Seelenverwandten fand.
Während der Zeit der Kulturrevolution von 1966-1977 waren die Bibliotheken in China versiegelt, Bücher die mit »Feudalismus, Kapitalismus und Revisionismus« in Verbindung gebracht wurden, wurden häufig öffentlich verbrannt. Wer noch eine große Anzahl an Büchern sein eigen nennen konnte, konnte sich glücklich schätzen und las, solange er konnte. Mao Zedong er-

---

10 1990 schenkte ich das Original der Erstausgabe von *Menschenrechte in China* der gleichnamigen Organisation, die sich in New York gegründet hatte, zur Aufbewahrung. Der damalige Vizevorsitzende der Organisation, Li Xiaorong, nahm sie entgegen.

laubte nur die Veröffentlichung seiner eigenen Schriften und der von Marx, Engels, Lenin und Stalin sowie der Werke Lu Xuns. Alle anderen Bücher waren verboten, und da verbotene Bücher heimlich weitergegeben wurden, waren sie kostbare Schätze. Erst 1977 wurde in China allmählich der Bücherbann aufgehoben, Klassiker und chinesische Übersetzungen westlicher Philosophie und Literatur wurden wieder aufgelegt. Dem eintönigen Leben und der eisernen politischen Kontrolle konnte man allein durch das Lesen entfliehen.

In den 1970er Jahren gab es also zwar Bücher, jedoch nur wenige. Damals hieß Rußland noch Sowjetunion und *ausländische* Literatur war in China gleichbedeutend mit *sowjetischer* Literatur, also Gorki oder Ostrowski – außer ihren Werken gab es keine Bücher, die man lesen, leihen oder weitergeben durfte. Natürlich war das nur an der Oberfläche so. Im Untergrund oder unter der Hand zirkulierten nicht wenige »schwarze«, das heißt revisionistische, oder »gelbe«, also vermeintlich pornographische oder indizierte Bücher. *Kindheit, Unter fremden Menschen, Meine Universitäten* – die drei Teile der Autobiographie von Maxim Gorki habe ich dreimal gelesen. *Warum schwitzt die goldene Armbanduhr?* blieb mir in Erinnerung. Seine Jugend wurde beim Lesen zu meiner eigenen, seine Großmutter wurde zu meiner. Und Ostrowskis 1934 erschienenen Predigerroman *Wie der Stahl gehärtet wurde* las ich so oft, bis er mir zu den Ohren herauskam. Genauer gesagt war es die Liebesgeschichte zwischen Pawel Kortschagin und der jungen Dunja, die ich wieder und wieder las, so oft, daß die Förstertochter Dunja in meinen Träumen zu meiner Geliebten wurde, daß aus der Lektüre ihre Berührungen spürbar wurden, ihre Haut, das Beben ihrer Brust und ihr mädchenhaftes Herz. Ich las, bis ich nicht mehr wußte, ob ich wachte oder träumte. Und natürlich konnte ich viele jener ebenso berühmten wie abgedroschenen Sätze selbst im Schlaf herbeten: »Das Wertvollste, was der Mensch besitzt, ist das Leben. Es wird ihm nur ein einziges Mal gegeben, und nutzen soll man es so, daß einen die Schande einer niederträchtigen und kleinlichen

Vergangenheit nicht brennt, und daß man sterbend sagen kann: Mein ganzes Leben, meine ganze Kraft habe ich dem Herrlichsten in der Welt, dem Kampf um die Befreiung der Menschheit gewidmet.«[11] Noch immer kann ich mir diese Worte aus dem Gedächtnis zurückholen. Bis heute sehe ich vor meinem inneren Auge das Bild des halbwüchsigen Jungen vor mir, der vor der Klasse steht und, sorgfältig die Satzmelodie modulierend, aus voller Kehle diese Sätze rezitiert.

An einem Märznachmittag des Jahres 1979 stand ich in Schal und wattierter Jacke im chinesischen Stil, ganz wie der Prototyp eines aufrechten Studenten der Vierter-Mai-Bewegung sechzig Jahre zuvor, vor der Mauer der Demokratie und überflog die Wandzeitungen und die neuesten Nachrichten, die gerade angeschlagen wurden. Als ich den Kopf umwandte, sah ich drei junge Männer vor der Mauer Seite an Seite ein Magazin verkaufen. Ich sah etwas genauer hin und stellte fest, daß es sich um *Jintian*[12] handelte. Das war zu dieser Zeit meine absolute Lieblingslektüre, und ich war freudig erregt über die Möglichkeit, die Herausgeber einmal persönlich kennenzulernen. Also ging ich forsch auf sie zu, stellte mich vor, und wir gaben uns die Hand. Meine Hände wurden warm unter dem Händedruck der drei. Ein großer und schlanker mit ausgesprochen feinen Gesichtszügen war besonders freundlich und stellte die anderen beiden vor, einer noch größer als er, der andere eher klein: »Ich heiße Mang Ke, das hier ist Bei Dao, und er heißt Lao E. Wenn Du Zeit hast, dann komm doch mal in unserer Redaktion vorbei.« Ich konnte mein Glück kaum fassen und wußte nicht, was ich sagen sollte.

11 Zitiert nach: Nikolai Alexejewitsch Ostrowski, *Wie der Stahl gehärtet wurde. Pawels Lehrjahre.* Reclam Leipzig, 1981.

12 *Jintian* ist eine Untergrund-Literaturzeitschrift, die 1978 von Bei Dao, Mang Ke und anderen in Peking begründet wurde. 1980 wurde sie in China verboten und wird seit 1990 in New York neu aufgelegt.

Ich wartete nicht lange, bis ich hinging. An einem Wochenend-
nachmittag kam ich aus dem Xinhua-Buchladen in der Wang-
fujing, schwang mich aufs Fahrrad und radelte los, vorbei am
Kunstmuseum, rechts in den vierten Abschnitt der Östlichen Ringstraße. Wie ein Wilder raste ich die breite Straße entlang, schlängelte mich durch die kleinen Hutong-Gassen und hielt Ausschau
nach der gesuchten Adresse. Dieser Bezirk war ein vorbildliches
Stück altes Peking, die *Hutongs* entsprachen dem, was man sich
unter einem *Hutong*, einer engen Gasse mit traditionellen Wohn-
höfen für mehrere Familien, vorstellt. Trotz des Gewirrs der Gassen konnte man sich im wahren alten Peking nicht verirren. Ich
ging durch das Eingangstor. Der typische viereckige Wohnhof war
von vielen Haushalten bevölkert. Ein hübsches Mädchen sprach
mich freundlich an: »Suchst du die Leute von *Jintian*?«
Ich war in einem Alter, in dem mich die Begegnung mit jungen
Frauen stark verunsicherte, und war wieder einmal um Worte verlegen: »Ja, genau«, stammelte ich.
Doch schon sah ich Mang Ke und ein paar andere junge Männer aus einer Tür kommen. Mang Ke erkannte mich wieder. Auf
mich zeigend sagte er: »Du, Maomao, sieht der nicht aus wie
Ye Xiaogang?« Mang Kes Spitzname war »Affe«. Er hatte diese
flinken Hände und Füße, eine sehr offene und forsche Art, und
wenn man ihn genauer beobachtete, hatte er wirklich etwas
von einem Äffchen. Maomao war seine damalige Freundin, sehr
hübsch, mit feinen Gesichtszügen wie er, von der warmherzigen
Art der Mädchen aus dem Süden. Wir waren uns vom ersten Moment an sympathisch. Erst später erfuhr ich, daß ihre Vorfahren
aus Wuxi stammten. Mang Ke war sehr gastfreundlich und bat
mich, doch auf ein Glas zu bleiben. Wir saßen mit Getränken
und Knabbereien am Tisch bei der Tür, als zwei Brüder aus dem
benachbarten Zimmer kamen, die mir Mang Ke als Liu Qing
und Liu Nianchun vom »Symposium Fünfter April« vorstellte.
Ich erinnerte mich, das war hier ja auch das Verbindungsbüro
für das »Symposium Fünfter April«. Wir grüßten einander freundlich und teilten den starken Schnaps und die Erdnüsse.

Damit war ich mit einem Sprung kopfüber im literarischen Untergrund Pekings gelandet.

Von Mai 1979 bis Dezember 1980 machte ich mich an jedem ersten Samstagabend des Monats auf den Weg zur Redaktionssitzung von *Jintian*. Ich war immer dabei, ohne Ausnahme, Monat für Monat, bei jedem Wind und Wetter. An jedem ersten Samstagnachmittag des Monats machte ich mich von den Unterrichtsräumen oder vom Studentenwohnheim aus auf den Weg, fuhr zuerst bis zur Mauer der Demokratie, um kurz zu sehen, ob es etwas Neues gab. Dann ging es weiter auf dem Fahrrad, schnell die Chang'an entlang und am Tian'anmen-Platz vorbei, ein kurzer Blick hinauf zum Porträt unseres Großen Vorsitzenden Mao Zedong, das in der Mitte des Balkons des Tian'anmen prangte, dann bog ich links in die Wangfujing-Einkaufsstraße, ging in den Xinhua-Buchladen und trieb mich dort eine Weile in den Büchern stöbernd herum, um anschließend von dort gleich noch für ein, zwei Stunden in das große Pekinger Kunstmuseum zu gehen, wo ich mir die Ausstellungen ansah, bis das Museum schloß. Oder ich fuhr noch über die Östliche Museumsstraße bis zu dem Markt im ersten Abschnitt der Östlichen Vierten Ringstraße, schob mein Fahrrad durch das dichte Gedränge und das laute Stimmengewirr auf dem Markt hindurch, bummelte zwischen den Geschäften herum und zog bis zum Einbruch der Dunkelheit umher. Erst dann suchte ich mir eine kleine Imbißstube, vor die ich mich hockte, um zwei heiße Pfannkuchen und eine Suppe zu essen. Dann ging ich wieder los und bog in die von schattenspendenden Bäumen gesäumte Zhang-Zizhong-Straße ein bis zur Hausnummer vier, wo eine imposante Reihe großer Gebäude aus grauem Klinker stand. Man trat über eine hohe Türschwelle durch ein schäbiges Tor ein, ging dann nach links durch ein schmales Gäßchen. Im Winter mußte man aufpassen, daß man nicht durch all die verstreuten Schneehaufen und Eispfützen ins Stolpern geriet. Dann ging es durch ein weiteres Tor in den linken Hof, und man betrat eine völlig andere Welt. Überall standen angeschlossene Fährräder herum, und in alle Richtungen gingen Zimmer ab in einem nachträglich errichteten rohen Ziegelbau. Im tiefsten Winkel des Innenhofs lag schließlich das Zimmer von Zhao Nan. Das war der Ort, an dem an jedem ersten Samstagabend des Monats die *Jintian*-Sitzungen stattfanden, in denen wir über aktuelle Literatur diskutierten.

Das war die Zeit, in der ich mein Handwerk lernte, durch die direkten Gespräche mit den Autoren über ihre Texte, ihren im Vergleich zur standardisierten Revolutionsliteratur schnörkellosen und unpathetischen Schreibstil. Durch den Kontakt zu dieser literarischen Avantgarde und ihrer modernen Denkweise wurden in diesen Runden mein Sinn für Ästhetik sowie die grundlegenden Fertigkeiten für die Redaktion einer literarischen Publikation geschult. Der Großteil der Teilnehmer war älter als ich und ich erweiterte mein Wissen über die Pekinger Untergrund-Literaturszene, die in jener Zeit in ihrer Hochphase war und vor Kreativität und Aufbruchstimmung geradezu strotzte. Es war das erste Mal, daß ich auf Jiang He traf, der mit seinem langen, wirren Haar seine Gedichtsammlung *Das ist der Anfang* laut vortrug. Nach und nach wurde ich von einem passiven Zuhörer am Rand zu einem aktiven Kritiker. An den Diskussionen teilzunehmen, mich zu literarischen Werken zu äußern, war wie ein innerer Drang, der sich nun endlich nach außen Bahn brach.

Die vornehmliche Aufgabe dieser Treffen war die Abstimmung und Revision der Gedichte und Kurzgeschichten für die kommende Ausgabe. Zuerst lasen die Autoren ihre Werke laut vor, und anschließend wurde darüber diskutiert, ob sie für die Veröffentlichung in *Jintian* taugten. Diese drei, vier Stunden, in denen wir über jede Zeile und jeden Absatz eines Textes in aller Offenheit diskutierten, bis schließlich zum Stift gegriffen und ein Gedicht oder eine Erzählung Zeile für Zeile lektoriert oder gar umgeschrieben wurde, ohne daß der Autor sich angegriffen fühlte und grummelte, waren wirklich etwas Besonderes. Solche offenen, konstruktiven Redaktionskonferenzen setzten sich zwar auch bei den auf *Jintian* folgenden Untergrundliteraturzeitschriften fort; derart handfeste Diskussionen aber, die – wie in unserem Fall – am Ende auch wirklich zu guten Ergebnissen führten, waren selten. Damals begann die literarische Welt in China gerade erst neu aufzukeimen, die im Untergrund schreibenden Dichter und Schriftsteller waren Namenlose, kannten sich gegenseitig kaum und fühlten sich somit auch nicht als Konkurrenten. Sie traten eher zurückhaltend und unprätentiös auf.

Zwischen 1979 und 1980 war die Zhang-Zizhong-Straße Nummer 4 die erste Adresse für die Pekinger Untergrundliteratur. Zhao Nans Wohnung war zwar groß, aber dennoch füllten sich – da während der Konferenzen heftig geraucht wurde –, sein Schlaf- und Wohnzimmer mit dichtem Qualm, und wir mußten zwischendurch immer wieder lüften. Im Herbst und Winter drang mit jedem Türöffnen schneidend kalte Luft in die Zimmer, die uns erzittern ließ. Um die Kälte abzuhalten, hingen vor der Tür zwei schwere Vorhänge aus wattierter Baumwolle. Drinnen gab es einen mit Wabenbriketts geheizten Kohleofen. Zhao Nan legte immer wieder Briketts nach, um die Räume schön warm zuhalten. Auf dem Ofen brodelte Wasser in einem Aluminiumkessel, aus dessen Öffnung heißer Wasserdampf aufstieg und die trockene, kalte Luft befeuchtete. Während wir schweigend und gebannt den Autoren lauschten, standen wir immer wieder auf und gossen uns heißes Wasser in die Teeschalen nach. Es war eine Zeit der materiellen Armut, doch des geistigen Überflusses. Wir wärmten uns an der Literatur. Zhao Nan wurde später mein bester Freund. Wann immer es mir nicht gutging, setzte ich mich aufs Fahrrad und fuhr zu ihm, um ihm meine Probleme anzuvertrauen. Traf ich ihn nicht an, weil er ausgegangen oder noch bei der Arbeit war, setzte ich mich in den Hof vor seine Tür und las oder ging zurück zum Eingangstor auf die große Straße, um ein paar Runden zu drehen und auf ihn zu warten. Er war nie weit fort, blieb immer im Ostteil der Stadt, und so dauerte es nie länger als eine halbe Stunde, bis er, sein Fahrrad schiebend, leise und beinahe unbemerkt im Hof auftauchte. Wir sahen uns an, lachten, und gingen ins Haus.

Von der Handelsschule bis zur Mauer der Demokratie, von der Mauer der Demokratie bis zur Wohnung von Zhou Nan, immer raste ich wie ein Getriebener durch die Stadt. Ich weiß nicht, wie viele rote Ampeln ich überfuhr und wie oft ich mit knapper Not einem Zusammenstoß mit einem Auto entkam. Aber auch das gehörte für mich zu den Prüfungen, die ich zum Erlernen meines Handwerks bestehen mußte.

Als es 1981 vorbei war mit der Mauer der Demokratie, wurden auch die Redaktionskonferenzen von *Jintian* sang- und klanglos eingestellt. Das Haus von Zhao Nan wandelte sich allmählich zu einem Treffpunkt für Untergrund-Tanzabende, zeitweise traf man dort illustres Publikum aus nah und fern. An den Wochenenden trudelten modisch gekleidete Männer und Frauen, echte und falsche Überseechinesen und Ausländer im Hof der Zhang-Zizhong-Straße Nummer 4 ein und folgten dem Klang der Musik bis zu Zhao Nans Wohnung im Hinterhof. In den Zimmern herrschte gedämpftes Licht, aus den Lautsprechern drang sogenannte dekadente Musik aus dem kapitalistischen Ausland, und paarweise umschlangen sich jugendliche Körper. Es war die Zeit der »bürgerlichen Liberalisierung«. Und es war auch die Zeit eines neu erwachten Hungers nach Sinnlichkeit, des Bedürfnisses nach körperlicher Nähe und Wärme.
In meinem Gedicht *Variationen* beschwor ich diese Zeit:

Wir umarmen uns, unsere Umarmung ist ein hilfloses Flattern
Während Raum und Zeit ineinandergreifen, Körper
Die in der unendlichen Nacht aufblühen
Wir versinken, wir tauchen ganz tief ein

Versinken im Morast der Liebe
Wie werden sie uns zu Boden schleudern
Die mächtigen Schläge des anbrechenden Tages

Verlust. Am Ende bleibt nur Erinnerung

Damals hatte ich die Macht des Staates noch nicht unmittelbar zu spüren bekommen. Ich nahm an Open-Air-Versammlungen im Taoran-Pavillon, in Zizhuyuan, in Yuyuantan teil, ging zur Eröffnung von inoffiziellen Kunstgalerien, Lesungen und Foto-ausstellungen und eilte zu allem, was verboten war. Gelegentliche Versteckspiele mit der Polizei gehörten dazu. Zu guter Letzt bekam ich »eine Nummer angehängt«, wie es heißt; das bedeutet, ich wurde ein Fall in den Geheimakten und galt fortan dem Staat als ein Stachel im Fleisch.

Der Aufstieg der Untergrundliteratur

Die Geschichte ähnelt zuweilen einer Zikade, nach und nach stößt sie ihren äußeren Panzer ab und entblößt ihr wahres Gesicht. Aber die Literatur, insbesondere die Dichtung, reproduziert sich endlos, bis sie einem uralten Fossil gleicht, das langsam vom grenzenlosen Universum entfremdet wird, ihre Substanz steht fest und unverwüstlich.
Alles kommt von den Büchern – den verbotenen Büchern.

Selbst während der Blütezeit der sozialistischen Staaten der 1960er Jahre war der Eiserne Vorhang nie vollkommen undurchlässig. Mit Beginn jenes Jahrzehnts brach zwischen der Kommunistischen Partei Chinas und der Kommunistischen Partei der Sowjetunion, also innerhalb der großen sozialistischen Familie, ein ideologischer Glaubenskrieg aus, der die Beziehung zwischen den beiden Staaten beeinträchtigte. Meiner Ansicht nach war das vermutlich die vitalste Zeit des Kommunismus. Zur Befeuerung der Polemik gegen den sowjetischen Revisionismus wurde eine Reihe von als »gelbe« beziehungsweise »graue« Bücher bezeichneten, zeitgenössischen literarischen und philosophischen Werken aus der Sowjetunion und Europa übersetzt und verlegt. Sie wurden mit der Kategorie »nicht öffentlich zugängliche Publikationen« versehen, damit sie ausschließlich von Parteikadern und ausgewählten Intellektuellen gelesen würden und lediglich als Anschauungsmaterial für die Verfehlungen der sowjetischen Politik dienten. Das war zumindest die Idee.

Es waren genau diese Bücher, von denen wir Leser zehrten und die in Peking die ersten Kulturtreffs entstehen ließen, die von ihren Teilnehmern »Literarische Salons« genannt wurden. Doch einer nach dem anderen mußte unter politischem Druck wieder aufgeben. In der Anfangsphase der Kulturrevolution, 1968, stürzte sich Guo Shiying, der Sohn des Schriftstellers Guo Moruo, Student der Peking Universität (kurz *Beida*) und Teilnehmer eines solchen Salons, in den Tod. Andere Salonbesucher, wie der *Beida*-Student Zhang Heci und der Mittelschüler Mu Dunbai, die zur »Gesellschaft X« gehörten, wurden verhaftet und eingesperrt. Zhang Langlang von der »Sonnenkolumne«, damals Student der zentralen Kunstakademie Pekings, sowie die Organisatorin eines literarischen Untergrundsalons, Zhou Qiyue, wurden wegen des »Verbrechens der Unterhaltung verbotener Beziehungen zum Ausland« und des »Verbrechens der Konterrevolution« zum Tode verurteilt, das Urteil wurde aber revidiert und in Haftstrafen umgewandelt. So sah das Schicksal derjenigen aus, die sich in den Anfängen der Untergrundkulturbewegungen in China engagierten.

Die Hausdurchsuchungen und Plünderungen während der Kulturrevolution brachten viele Bücher sowohl von Besitzern einiger weniger Bände als auch die ganzer Privatbibliotheken, entgegen ihrer ursprünglichen Absicht, erst recht unter das Volk. Oft ließen die nach Lesestoff hungernden jungen Leute sie gleich mitgehen. Sie zirkulierten unter den weniger streng kontrollierten »intellektuellen Stadtjugendlichen«, die zwangsweise zur Arbeit aufs Land verschickt wurden, genauso wie unter den Schülern in den Städten. Wie Licht und Wasser für verdorrte Bäume, die im Frühling wieder ausschlagen, wurden diese als »schädliche Gewächse« und »reaktionäre Lektüre« titulierten Bücher zu einer wertvollen geistigen Nahrung für die jugendlichen Intellektuellen. Sie waren die Setzlinge, aus denen die Untergrundliteratur sproß.

Im August 1982 wurde Zhao Nan vom Pekinger Sicherheitsbüro zu zwei Jahren Umerziehung durch Arbeit verurteilt. Seine Mutter erzählte es mir, als ich bei seinen Eltern nach seinem Verbleib fragte, während sich seine Freundin Xiao Lai im Zimmer nebenan die Augen ausweinte. Es war nur eine Frage der Zeit gewesen. Seine Festnahme hatte sich schon lange angekündigt, die Wanzen, die man in den Mauerritzen seiner Wohnung angebracht hatte, und die gelegentlichen unangekündigten Besuche durch die Sicherheitspolizei hatten ihn bereits alarmiert. Seine alten Wandzeitungen an der Mauer der Demokratie und die jüngsten Engtanzparties taten das übrige. Jenes Leben, das sich für mich um die Zhang-Zizhong-Straße Nummer 4 gedreht hatte, war mit einemmal zu Ende. Es war derselbe Monat, in dem ich mein Studium abgeschlossen hatte.

Unter dem Titel *Öffentliches Telefon* publizierte Yan Li dann 1982 einen Band mit Gedichten, der die durch Bei Dao, Mang Ke und Jiang He begründete Tradition der Untergrundzeitschrift *Jintian* fortsetzte. Yan Li war der erste Dichter, der sich nach *Jintian* traute, seine Gedichtsammlung im Untergrund zu veröffentlichen. Der Band versammelte seine wichtigsten Gedichte seit 1974, und allein schon sein Bild auf der Titelseite brach mir das Herz. Für mich ist Yan Li ein künstlerisches Genie, ein Autodidakt, der, obwohl er nicht mehr als eine Mittelschulbildung genossen hatte, in seinen modernen Gedichten einen ausgesprochen starken, individuellen Stil entwickelte. Und ganz ohne jede professionelle künstlerische Ausbildung malte er wunderbar moderne abstrakte Ölbilder. Er war für mich das »Porträt des Künstlers als junger Mann«.

Abgesehen von Yan Lis mutiger Publikation war es erst einmal vorbei mit der Untergrund-Lyrik. Um in den chinesischen oder den Pekinger Schriftstellerverband aufgenommen zu werden, wurden aus den *Jintian*-Dichtern nun *Menglong*-Dichter, offizielle Vertreter der Gattung »obskure Lyrik«. Die damals bekannten Dichter wie He Qi, Yang Lian, Gu Cheng, Jiang He oder Shu Ting waren die ersten Dichter, die diesen offiziellen Organisationen beitraten. Später kam noch Bei Dao hinzu, der direkt in den staatlichen Schriftstellerverband eintrat und bald sogar das Amt des Vorsitzendes des Komitees für Dichtung innerhalb des Verbands bekleidete. Was vor kurzem noch als »Untergrund« galt, gehörte nun zum offiziellen literarischen Kanon. Sich fortan davon abzugrenzen war eine enorme Herausforderung. Yan Li war das Kunststück mit der riskanten Publikation seiner Werke gelungen. Sie entfaltete eine ungeahnt große Wirkung unter den Untergrundlyrikern und verführte sie dazu, sich zusammenzutun und seinem »schlechten Beispiel« zu folgen.

Ich hatte meine drei Jahre auf der Polytechnischen Hochschule nicht nutzlos zugebracht und in dieser Zeit etwa dreißig Gedichte geschrieben. 1983 tippte ich meinen ersten Gedichtband, *Streifzüge im März. Gedichte,* den ich unterderhand drucken ließ. Mit dieser Gedichtsammlung trat ich in einen Dialog mit anderen Dichtern, der Band war ein Reisepaß zur Erkundung der Dichtkunst, ein persönlicher Meilenstein auf meinem Weg.

Über das Lesen war ich zu einem Schreibenden geworden, aber das Lesen war es auch, das mich immer wieder vom Schreiben abhielt. Das Präriefeuer, das die Untergrundliteratur entfacht hatte, ließ sich so leicht nicht auslöschen. Wir diskutierten ganze Nächte hindurch über Literatur und zogen unsere eigenen Gedichte aus der Tasche, um sie den anderen vorzulesen. Xue Di, ein Dichter in meinem Alter, beschrieb die Szenerie unserer damaligen Treffen mit den folgenden Worten:

Ende 1983, es war ein Winterabend, versammelte sich in meinem Zimmer in einem an die Akademie für traditionelle chinesische Medizin angrenzenden Gebäude eine Gruppe von etwa zehn jungen Dichtern. Wir tauschten unsere neuesten Werke aus, indem wir sie einander laut vorlasen. Wir nannten das »Gedichte Wellen schlagen lassen«, ein Sinnbild des Auf und Ab der Töne beim Vorlesen und des Reimschemas eines Gedichts, aber auch im Sinne der Zügellosigkeit eines Wellenschlags, der die Assoziation von Revolte und bewußter Überrumpelung in sich birgt. Partei und Regierung hatten in Peking 1982 gerade eine Kampagne »gegen die geistige Verschmutzung« ins Leben gerufen. Die politische Atmosphäre war angespannt, die meisten literarischen Aktivitäten verzogen sich in den Untergrund. In dieser Zeit wurde das Zimmer, das ich allein bewohnte, zu einem der Treffpunkte für Dichter im Untergrund – die Dichter ließen bei mir also ihre Gedichte Wellen schlagen und tranken dabei ziemlich viel Alkohol. Ich erinnere mich, wie an einem Winterabend Bei Ling im dämmrigen Licht und inmitten von Weinflaschen sein jüngstes Gedicht Jahr für Jahr blüht das Geißblatt *vortrug. Er trug sein Haar damals kurz und seine Brillengläser funkelten, während er, jede einzelne Silbe betonend, sehr gekonnt vorlas:* Sich versammeln in Freude/Sich versammeln in Leid/Diese Erwartungen/Entspringen heiligen Wünschen. *Auch zehn Jahre später noch erinnere ich mich noch an die Szene, als er zu Ende gelesen hatte. Maotou (der später unter dem Namen Duo Duo bekannte Dichter) rief laut aus: »Verdammt gut, der Rhythmus dieses Gedichts.« Bei Dao saß in der Ecke und sagte kein Wort. Mang Ke, Hei Dachun und ich sagten einfach: »Prost«. Danach ging es im Zimmer hoch her ...*[13]

Fünf Jahre danach, 1988, konnte ich meine Gedichte zum ersten Mal in einem offiziellen Verlag publizieren. Der Lijiang-Verlag brachte meinen Band *Heute und morgen.* 1994 erschien *Für dumm verkauft* ... und ein Jahr später veröffentlichte der Taiwaner Liming-Kulturverlag einen ersten Band mit meinen Gedichten in Langzeichen unter dem Titel *Thema und Variationen.* Zuvor hatte ich mich mehrfach als Herausgeber betätigt. So gab ich 1983 einen Sammelband von Gedichten unter dem Titel *38 zeitgenössische chinesische Gedichte* heraus. 1985 folgte *75 Gedichte des modernen China*, ein Band mit Untergrundgedichten von Autoren aus Sichuan, Peking und Shanghai, den ich zusammen mit Meng Lang herausgab. Diese sehr schlichten, mit einfa-

---

13 Zitiert aus Xue Di, Kommentar zu Bei Lings Gedichtsammlung: »Thema und Variationen«. Taipeh, Liming-Kulturverlag, 1995.

chen Mitteln produzierten Bändchen in einer Auflage von je
zweihundert Exemplaren, fanden in den literarischen Untergrundzirkeln weite Verbreitung.

Im Sommer 1981 machte ich mich zu einer Reise gen Süden auf.
Ich bestieg den Taishan-Berg, besuchte Suzhou und Hangzhou,
durchwanderte das Yandang-Gebirge, aß, was ich unterwegs fand,
schlief, wo der Pfad mich hingeführt hatte, und hinterließ so
meine Spuren auf dem Weg in das Gebiet südlich des Jangtse.
Und nebenbei traf ich auf eine Reihe bemerkenswerter Dichter-
persönlichkeiten. Diese Reise bildete den Ausgangspunkt und
eine ›Vorübung‹ zu meinen späteren Jahren der Wanderschaft
in aller Welt.

Wenn meine Erinnerung mich nicht täuscht, war es an einem
Nachmittag im November 1984, als ein stämmiges, kräftiges Kerl-
chen mit einem kleinen Bart und einer braunrot geränderten, alt-
modischen Brille an die schäbige alte Tür meines Zimmers im
Wohnheim der Polytechnischen Hochschule klopfte. Er war völlig außer Atem und an der Art, wie er in mein Zimmer platzte,
erkannte man ihn gleich als jemanden, der im Untergrund aktiv
ist. Er reichte mir die Hand und sagte ohne Umschweife: »Bist
du Bei Ling? Ich bin Lao Mu, ich habe am Institut für Chinesische
Literatur an der *Beida* studiert. Gerade habe ich den Band mit
den *38 Gedichten* gelesen, den du herausgegeben hast. Ich gebe
demnächst einen Band unter dem Titel *Anthologie der neuen
Welle in der Dichtung* heraus und wollte ein paar Texte von dir
darin aufnehmen.«

Damals war es keine Seltenheit, daß jemand einfach so zu Besuch vorbeikam. Wir musterten uns, während wir einander die
Hände schüttelten. Lao Mus geradlinige Art ließ mich schnell
alle Vorbehalte aufgeben. Ich riet ihm dazu, vor allem Gedichte
von Untergrundlyrikern in seinen Band aufzunehmen.

Aus diesem unerwarteten Besuch heraus entstand eine intensive
Freundschaft. Wir redeten, bis es Abend wurde. Außer mit ein
paar meiner eigenen Gedichte konnte ich vor Lao Mu auch noch

mit den Gedichten der Bohème des literarischen Untergrunds glänzen, vor allem sang ich ein Loblied auf den Dichter Duo Duo.[14] Daraufhin nahm Lao Mu in seine Anthologie sechzig Gedichte Duo Duos aus den letzten zehn Jahren auf. Die Gedichte Duo Duos waren brutal und emotionsgeladen, voll eindringlicher Bilder. Sein Gedicht *Reaktion* aus den siebziger Jahren schlug damals in der Welt des literarischen Untergrunds ein wie eine Bombe, war es doch das Zeugnis eines persönlichen Schicksals unter dem roten Terror. Lao Mus verlegerische Großtat fand von seiten sämtlicher Untergrunddichter große Unterstützung. Innerhalb von vier Monaten reiste er kreuz und quer durch das Land und klopfte bei so ziemlich jedem Untergrunddichter nördlich und südlich des Jangtse an die Tür, um ihn um Gedichte für seinen Band zu bitten. Es gelang ihm obendrein, mit Hilfe des Vierter-Mai-Literaturvereins der Peking Universität eine großzügige Geldsumme zur Finanzierung des Projekts aufzutreiben und eine staatliche Buchdruckerei zu finden, die bereit war, Untergrundliteratur zu drucken. Im Frühjahr 1985 erblickte schließlich die achthundert Seiten starke Publikation *Die neue Welle in der Dichtung* in zwei Bänden, ohne ISBN-Nummer, in einer Auflage von dreißigtausend Exemplaren das Licht der Welt. Gerüchten zufolge verkauften sich unterderhand über zwanzigtausend Exemplare. Als die Publikation vom Staat entdeckt wurde, wurden die restlichen zehntausend Bände konfisziert und vernichtet.

---

14 Duo Duo, 1951 als Li Shizheng in Peking geboren, wurde 1969 nach Baiyangdian in der Provinz Hebei aufs Land verschickt, wo er 1972 zu schreiben begann. Zu seinen wichtigsten Werken gehören: *Der Gruß: 38 Gedichte, Ausgewählte Gedichte von Duo Duo 1973-1988*, hg. von Li Cheng, *Der Fluß von Amsterdam* u. a. Seine Gedichte wurden in viele Sprachen übersetzt. Duo Duo lehrte später am Institute of Chinese Language der University of London und war Poet in Residence an der York University in Kanada und an der Universität Leiden. Nach fünfzehn Jahren in den Niederlanden kehrte er 2004 nach China zurück und ist seitdem Dozent am Institut für Literatur der Hainan-Universität.

Die Auswahl, die Entstehungsgeschichte, das Drucken und Verbreiten dieser Gedichtsammlung wurde zu einem Mythos der Geschichte der chinesischen Untergrundliteratur.

Von 1985 an verbreitete sich die Untergrunddichtung, die neue Welle der Dichtkunst, von Peking, Sichuan und Shanghai aus im ganzen Land. Sichuan war die Gegend, aus der nicht nur die meisten Dichter kamen, sondern wo auch die Gedichte mit der explosivsten Wirkungskraft entstanden. Die Werke der Untergrunddichter mischten sich mit ihrer zunehmenden Popularität immer stärker unter die offiziell sanktionierten Werke, die die zahlreichen Literaturzeitschriften der Städte und Provinzen druckten, womit diese Literaturorgane zwangsläufig ihren Charakter veränderten. Die Werke der Untergrundschriftsteller wurden zwar häufig gekürzt oder leicht verändert, aber immerhin veröffentlicht, und das bedeutete bis zu einem gewissen Grad auch die zunehmende Anerkennung der Untergrundpublikationen. Eine Zeitlang herrschte zwischen Verlegern, Lektoren und Schriftstellern seltene Harmonie, was der Literatur aus dem Untergrund neuerlichen Auftrieb gab. Laut unvollständigen Statistiken gab es bis 1989 nahezu tausend unterschiedliche Veröffentlichungen von Gedichtanthologien, davon ein Teil inoffiziell verlegt in Form von Zeitschriften und Büchern, teilweise manuell vervielfacht und quer durch das Land unterderhand über Freunde weiterverkauft oder in großem Stil weiterverschenkt. Dazu kamen über hundert in unregelmäßigen Abständen veröffentlichte, auf Wachsmatrizen hektographierte Lyrikzeitschriften und gut dreißig weitere Zeitschriften in Bleidruck. Gedichte waren immer schon Vorboten dafür, was die Stunde geschlagen hat. Sie erfassen die Zeichen der Zeit oft früher als die Prosaliteratur. Meine eigenen Gedichte orientierten sich in formaler Hinsicht an vielen stilistischen Vorbildern, sie reichten vom Liebesgedicht bis zu Texten von starker emotionaler Kälte, waren ebenso beeinflußt von der Romantik wie von der Anti-Romantik. Meine stärkste Inspiration kam aber von Anfang an von den als »die drei Li« bekannten klassischen Dichtern der Blütezeit der chinesischen Dichtung, nämlich Li Bai, Li He und Li Shangying. Daneben übten auch der Symbolismus der Gedichte Baudelaires, der Imagismus Ezra Pounds, Walt Whitmans historische Lehrgedichte und die mit tiefgründiger Symbolik aufgeladene Fin-de-siècle-Stimmung von T. S. Eliots *Das wüste Land* einen tiefen Einfluß auf mich aus. Ich spürte den Emotionen im Stil von Sergej Jessenins *Trauer ist ein großes Meer* nach und bewunderte die Gedichte seines sowjetischen Landsmanns Rinat Achmetow, die spanischen Balladen García Lorcas und die von Todessehnsucht geprägte weibliche Bekennerlyrik aus den USA. Ich war lange wie gebannt von Dylan Thomas' großer Dichtung *Do not go gentle into that good night*. Man kann sagen, meine Lyrik vollzog den Entwicklungsprozeß der modernen Dichtung nach. Moderne chinesische Dichter haben einen gesunden Magen, aber es fehlt ihnen die Fähigkeit zum langsamen Kauen – sie schlingen, was sie kriegen können, hastig hinunter.

1988 verfaßte ich ein etwas bissiges Selbstbekenntnis, das für mich auch heute noch Gültigkeit besitzt:

Gedichte schreiben heißt rebellieren, heißt, sich verausgaben, sein Leben vergeuden. Es heißt fordern, die Vorstellungskraft herausfordern. Und es heißt auch, sich zu beherrschen, sich nicht von Furcht überwältigen zu lassen. Gerade weil ich selbst diese Erfahrung gemacht habe und immer noch mache, kann ich mir die hochtrabenden Worte meiner Dichtervorfahren zu eigen machen: »Der Dichter ist ein Gesetzgebender«[15]*, der Dichter hat übernatürliche Kräfte, er ist ein Prophet. Erst jetzt kann ich verstehen, warum »Literatur die zweite Regierung Rußlands« ist*[16]*, kann ich erst die dichterische Prophezeiung begreifen, die sich längst bewahrheitet hat: Einmal Dichter, immer Dichter. Erst jetzt kann ich glauben, daß es so etwas wie einen Dichter gibt, den ein einziges Gedicht unsterblich macht und*

15 Zitat von George Gordon Byron.
16 Zitat von Alexander Solschenizyn.

sogar daran, daß man Dichter sein kann, ohne ein einziges Wort geschrieben zu haben.

Gedichte werden heutzutage immer seltener, sind quasi eine vom Aussterben bedrohte Art. Lyrik ist der beunruhigende Triller, den man beim aufmerksamen Hinhören wahrnimmt, sie ist wie jemand, der das Elend der Welt zu seiner persönlichen Angelegenheit macht. Der Dichter ist der, der den Stift zur Hand nimmt, sich über das Blatt beugt und im entscheidenden Moment Zeugnis ablegt.

Die Dichtung wurde für mich zum Rettungsanker, zu einer Lebensform. Ganz gleich, ob meine Worte nun die Welt in Erstaunen versetzen oder der Welt Verachtung entgegenbringen – man kann Tag und Nacht unentwegt Gedichte schreiben oder über Dichtung reden. Es ging mir aber nicht nur darum, selbst ein gutes Gedicht zu schreiben. Während der Phase intensiver Freundschaft mit Duo Duo zwischen 1985 und 1986 waren wir ständig auf der Suche nach guten englischen oder russischen Gedichten und jedes übersetzte Gedicht eines ausländischen Dichters wurde uns zu einem Schatz. Mindestens zweimal pro Woche machte ich mich in den Buchläden auf die Suche nach guten Büchern, kopierte Texte, die mir gefielen, und trug jedes neu entdeckte Gedicht in den literarischen Untergrundsalons vor. Dort wurde es dann von den anderen beurteilt, manchmal auch kritisiert, und insgeheim wetteiferten wir alle miteinander um die besten Entdeckungen. Das Entdecken von Gedichten sollte ebensowenig ein Wettbewerb sein wie das Dichten selbst – und doch ist es wichtig, daß man sich als Schreibender der Kritik anderer Dichter seiner Generation aussetzt.

New York

Dreihundertsiebzig Dollar. Es waren beinahe meine ganzen Er-
sparnisse, die ich bei mir trug, als ich, vom Freiheitsdrang getrieben, am 8. Oktober 1988 Hals über Kopf nach New York auf-
brach. In meinem bescheidenen Gepäck befanden sich außerdem
fünfzig Hefte verschiedenster Untergrundzeitschriften.
In den ersten beiden Wochen kam ich bei einem Künstlerehe-
paar aus Taiwan unter, in dessen Atelier im Stadtteil Soho Platz
für einen Gast war. Wie ein altes Großmütterchen vom Lande,
das man plötzlich in eine Großstadt versetzt hat, stand ich anfangs durch die vielen Eindrücke, die fremde Sprache und Kultur, völlig unter Schock. Ich konnte nicht mehr als fünf Sätze Englisch und traute mich nicht mal, nach dem Weg zu fragen. Ich
beobachtete die für mich zunächst ungewohnten Afroamerikaner, die ich, Melodien summend, täglich auf der Straße sah, und
lernte schnell, mich allein zurechtzufinden, mit der U-Bahn zu
fahren und Einkäufe zu machen. Mit großen Augen nahm ich
die neue Welt in mich auf und wanderte Tag für Tag durch die
Straßen von Soho, von East Village, Little Italy und Chinatown.
In einer der Straßen von Soho geriet ich eines Tages in eine Gruppe von vier Farbigen, die lautstark mit etwas beschäftigt waren,
was sich bei näherem Hinsehen als Kartenspiel entpuppte, für
das sie sich um einen aus Pappkartons improvisierten Tisch ver-
sammelt hatten. Ich stellte mich daneben und sah eine ganze
Weile still zu, um zu sehen, wie man hier vielleicht ein bißchen
money machen konnte. Je länger ich zusah, desto mehr juckte
es mich in den Fingern. Schließlich hielt ich es nicht mehr aus
und spielte mit. Es dauerte nicht lange und ich hatte zweihun-

dertfünfzig Dollar verspielt. Ich war völlig am Boden zerstört.
Diese zweihundertfünfzig Dollar waren das erste Lehrgeld, das
ich bei meinem Abenteuer USA zahlen mußte.

Natürlich sind New York und die Vereinigten Staaten nicht dasselbe. New York ist einfach New York. Ein Durcheinander von
allerhand seltsamen Erscheinungen und Dingen, in dem alles und
jeder seinen Platz hat, ein Zoo für alle Arten von menschlichen
Geschöpfen. Und es ist auch ein Paradies für Abenteurer und
Immigranten, das Hauptquartier für sämtliche Oppositionsbe-
wegungen aus aller Herren Länder, ein Ort, an dem Dissidenten,
Untergrundorganisationen und Zeitungen in über hundert Sprachen der Welt nebeneinander existieren. Und New York ist auch
die Stadt, in der am selben Ort und zur selben Zeit die unter-
schiedlichsten Lebensentwürfe zu finden sind. So war ich vielleicht vor drei Stunden noch in einer der avantgardistischen Mo-
destraßen von Soho unterwegs, und nun, nachdem ich bis nach
Amherst im Princess District gefahren bin, erwartet mich dort
ein Kopf der Oppositionsbewegung der Auslandschinesen, Hu
Pingzheng.

Für die ersten Momente des Erstaunens sorgen die vielen neuen
visuellen Eindrücke. Zunächst sind da die Straßenkünstler und
die über und über mit Graffiti besprühten Wände der U-Bahnsta-
tionen, dann folgen die bizarren Szenarien, die New Yorks Downtown, Soho, East Village oder Chelsea dem Besucher bieten. Bei
Einbruch der Dunkelheit sammeln sich die Afroamerikaner am
St. Mark's Place, wo sich in Windeseile ein Flohmarkt ausbrei-
tet, auf dem ich mich so glücklich fühle, daß ich vergesse, wo
ich bin, und einfach in diese unbekannte Welt voll seltsamer Dinge und Gefahren eintauche. Meine größte Liebe gilt dem East Village, das auch am besten zu mir paßt, diese besondere *communi-
ty* mit ihren lärmenden Straßen, die nachts nie schlafen, in denen
niemals die Gehsteige hochgeklappt werden, in deren Triangel
zwischen dem Buchladen St. Martin's und dem Wohnheim der
New Yorker Universität ich mich zu Hause fühle. Zum Staunen

brachten mich auch die vielen Kunstgalerien. Jeden Freitag-
abend fand in mindestens zehn der langen Reihe von Sohoer Galerien jeweils die Vernissage zu einer neuen Ausstellung statt.
Der beste Weg, um sich die Kosten für ein Abendessen zu sparen,
war daher, sich jeden Freitag eine neue Ausstellung anzusehen
oder gleich durch mehrere der Galerien zu streifen; egal wo, man
konnte nicht nur Kunstwerke betrachten, sondern bekam überall noch leckere Kleinigkeiten und ein Glas Wein dazu, es war
ein Fest für die Augen und den Geschmackssinn zugleich. Mit etwas Glück traf man auf den Dienstboten, der den Servierwagen
schob, und konnte sich rasch an allen Köstlichkeiten gütlich tun
und dann, wenn man nur selbstbewußt genug war, einfach die
Tür aufstoßen und dem Wagen nach drinnen in den Salon folgen,
sich unter die Elite der Kunstszene mischen und mit der Miene
des Kenners die Kunstwerke *en détail* schätzen lernen.

So wurde ich in jenem Jahr ein regelmäßiger Wochenendgast in
den Galerien und abgesehen davon, daß ich tüchtig aß und trank,
schärfte ich mein Urteil und mein Verständnis für moderne Kunst.
In New York wurde ich noch einmal geboren. New York war
mein Eingangstor zu den USA, der Ort, der mich zu einem me-
tropolitischen Weltenbummler machte. Ich lebte dort ein spar-
tanisches Leben, ständig diente mir eine andere Wohnung von
Freunden in Manhattan als Zuflucht in der Fremde. Manchmal
zog ich zweimal pro Woche um.

Mit der Ankunft in New York kam ich aber auch in unbekannten chinesischen Welten an. Ich trat zum ersten Mal in die Welt
der chinesischen Langzeichen ein, eine sehr wesentliche und wichtige Veränderung der Lesegewohnheiten, die erst New York in
mein Leben brachte. Man könnte sie durchaus als Kulturschock
bezeichnen.

In New York begann ich, zum ersten Mal intensiv Gedrucktes
in chinesischen Langzeichen zu lesen. Unbewußt und subtil ver-
änderte diese Lesegewohnheit auch mein Verständnis von Chinas jüngerer Geschichte, sie beeinflußte sogar die gesamte Struk-
tur meines Wissens. Nach fünf, sechs Wochen des regelmäßigen

Lesens konnte ich die komplexen Langzeichen genauso schnell lesen wie die in der Volksrepublik China seit 1949 gebräuchlichen Kurzzeichen. Damals wurden New Yorks Flushing World Bookstore, der Zhonghua-Buchladen, der World Bookstore von Manhattans Chinatown, der Asienbuchladen und die über die kleinen Gassen von Chinatown verteilten fünf oder sechs Läden, in denen es politische Zeitschriften aus Hongkong und Taiwan gab, zu den Orten, in denen ich jedes Wochenende herumstreifend die Zeit vergaß. Ich fühlte mich dort wie ein Verdurstender an einem Brunnen, der jedesmal zwei, drei Stunden in jedem Laden zubrachte, um anschließend den nächsten aufzusuchen und weiterzulesen, bis zum Ladenschluß, oder bis der Besitzer mich hinauswarf. Mit dieser Gier nach Lesestoff kultivierte ich die Gewohnheit, täglich drei bis vier verschiedene chinesischsprachige Zeitungen zu lesen, bis ich allmählich bestens vertraut war mit dem jeweiligen gesellschaftlichen Standpunkt der Blätter und ihre verschiedenen Rubriken auswendig hersagen konnte. Ich wurde zu einem Süchtigen, einem lesestoffverschlingenden Junkie des gedruckten Worts, der nichts sehnsüchtiger erwartete, als allmorgendlich gleich nach dem Aufwachen die chinesischen Zeitungen von vorn bis hinten zu lesen. Es gab keine bessere Art für mich, den Tag zu beginnen, denn endlich hatte ich etwas anderes zu lesen als die immergleichen Staatsblätter der Volksrepublik China; statt dessen gab es breitgefächerte, pluralistische freie Medien. Dazu gehörten das zu Taiwans United Daily News Group gehörende *World News Journal*, Fu Chaoshus *Zhongbao*, die *American Overseas Chinese Newspaper*, das *America Times Journal* der Taiwan China Times Gruppe, die Zeitschrift *Qishi niandai* (*Die siebziger Jahre*) aus Hongkong, später in *Jiushi niandai* (*Die neunziger Jahre*) umbenannt, *United Literature* aus Taiwan, die von dem antikommunistischen Militärveteranen Duan Kewen ins Leben gerufen worden war, und die von Sima Lu herausgegebene Monatszeitschrift *Tansuo* (*Erkundungen*). Das waren die Quellen, aus denen ich mein Wissen über China, Taiwan und die Welt schöpfte. Mit dieser Lektüre holte ich die Lektionen nach, die mich mein Studium nicht gelehrt hatte, erweiterte mein Wissensspektrum, revidierte mein bisheriges Geschichtsverständnis und bekam eine ganz neue Sicht auf das moderne China.

Das war mein Abschied vom Gebrauch der in der Volksrepublik üblichen Kurzzeichen, die, wie mir nun klar geworden war, nicht nur eine Verkürzung der Schreibweise, sondern auch eine Verkürzung des Denkens bedeuteten. Aus meinem Namen Bei Ling in Kurzzeichen wurde nun der Bei Ling in Langzeichen und ich schrieb meine Texte fortan nur noch in klassischen Langzeichen.

Nach dem Massaker vom vierten Juni

Am 15. April 1989 ereilte den zuvor in Ungnade gefallenen ehemaligen Generalsekretär des Zentralkomitees der Kommunistischen Partei Chinas, Hu Yaobang, der plötzliche Tod. Während in Peking mit den Trauerbekundungen für Hu Yaobang auf dem Platz des Himmlischen Friedens eine riesige Studentenbewegung ihren Anfang nahm, verfaßte ich in New York mit zehn weiteren chinesisch-amerikanischen Intellektuellen einen offenen Brief an die Studenten mit dem Titel »Vorschläge zur Reform«, einen Aufruf zu demokratischen Reformen in China. Tags darauf prangte dieser offene Brief in großen Lettern auf den Verlautbarungstafeln in allen Ecken der *Beida*, dem geistigen Zentrum der Demonstranten.

Mitte Mai 1989 bekam ich als Quittung dafür ein amtliches Schreiben der Shenzhen-Universität, an der ich zuletzt tätig gewesen war, in dem mir erklärt wurde: »Da Sie nicht innerhalb der vereinbarten Zeit zurückgekehrt sind, sind Sie zwischenzeitlich von der Shenzhen-Universität entlassen worden. Jedwede Tätigkeit Ihrerseits im Ausland hat nichts mit der Shenzhen-Universität zu tun.« In der Universität, die sich wohl zu diesem Brief gezwungen sah, herrschte aber ein anderes Klima, als das Schreiben vermuten ließ. Anfang Juni schrieb der Rektor, Luo Zheng-

qi, einen offenen Brief an Deng Xiaoping, in dem er ihn auffor-
derte, sich von allen Funktionen innerhalb der Partei zurück-
zuziehen und aufzuhören, hinter dem Vorhang die Strippen der
Politik zu ziehen. Im Juli wurde er von seinem Amt als Hoch-
schulrektor entlassen, festgenommen und unter Hausarrest gestellt.

Ende Mai 1989 traten in Peking mehrere tausend Studenten auf
dem Platz des Himmlischen Friedens in den Hungerstreik, mit
dem sie gegen die Verhängung des Kriegsrechts über Peking pro-
testierten. An einem Nachmittag telefonierte ich aufgeregt mit
dem australischen Schriftsteller Nicholas Jose, der damals als Kul-
turattaché der australischen Botschaft in Peking weilte, und teilte ihm mit: »Ich habe gerade mein Flugticket nach Peking gekauft. Ich halte es in den USA nicht mehr aus, wo ich tagtäglich
nur in den Zeitungen lesen kann, was sich in China ereignet, und
wo ich die Situation auf dem Tian'anmen-Platz nur im amerikanischen Fernsehen verfolgen kann.«

Er jedoch war pessimistisch und riet mir ab: »Was wirst du schon
ausrichten können, wenn du zurückkommst? Die Studentenbewegung steht kurz vor dem Zusammenbruch, ein paar der Akti-
visten sind bereits festgenommen worden, und es sind bereits Panzer und Militärtruppen auf dem Vormarsch nach Peking. Komm
lieber erst einmal nicht zurück, du kannst hier sowieso nichts
bewirken.«

Ich hörte mir seine Worte an und sagte erst einmal gar nichts.
Auf beiden Seiten der Telefonleitung herrschte langes Schweigen,
während er darauf wartete, daß ich meinen Entschluß, zu reisen,
revidierte. Doch was sollte ich sagen? Es gab vieles, das ich sagen
wollte, aber ich brachte kein Wort über die Lippen.

Wohl wahr – was könnte ich ausrichten, wenn ich nach China
zurückkehrte?

Doch nach Hause zurückzukehren bedeutete für mich viel mehr
als die Teilnahme an der Studentenbewegung. Es bedeutete auch,
einfach in einen Buchladen hineinspazieren und ein beliebiges
chinesisches Buch aus dem Regal nehmen zu können. Es ging

einfach auch darum, in eine vertraute Umgebung zurückzukehren, zurück in mein eigenes Zimmer im abgenutzten alten Wohnheim der Pekinger Polytechnischen Hochschule. Und vielleicht war es all das auch nicht. Vielleicht wollte ich nur das erfrischende Geräusch des Windes wieder hören, der die Blätter durch die Straßen treibt.

Und dann der 4. Juni 1989: Gewehrschüsse, Blut, Flucht, Exil und Festnahmen. Unter dem Zureden der »4 Edlen«[17] zogen sich die Tausende hungerstreikender Studenten auf dem Tian'anmen-Platz friedlich zurück, als die Situation eskalierte. Die Demokratiebewegung der Studenten und der übrigen Zivilbevölkerung Pekings wurde am Morgen des 4. Juni durch das Militär brutal niedergeschlagen. Und ich war in den USA, in einem Apartment eines befreundeten Journalisten in Uptown Manhattan.

Von hier aus blickt man auf den Hudson River, seine undurchdringliche Oberfläche ist ruhig und unbewegt. Es ist ein klarer,

17 Bei den »4 Edlen« handelt es sich um die Initiatoren des Hungerstreiks: Zhou Duo war zur Zeit der Bewegung vom vierten Juni Leiter der Planungsabteilung der Pekinger Stone Group Corporation. Er wurde verhaftet und zu einem Jahr Gefängnisstrafe verurteilt. Er lebt heute als Geisteswissenschaftler in Peking. Liu Xiaobo, Schriftsteller und Hochschuldozent, war Dozent an der Pädagogischen Hochschule Peking und wurde in der Vergangenheit bereits mehrfach wegen konterrevolutionärer Aktivitäten verhaftet und eingesperrt. 2008 verfaßte er zusammen mit anderen die »Charta 08« und wurde dafür am 9. Dezember desselben Jahres wegen »Anstiftung zur Untergrabung der Staatsgewalt« zu elf Jahren Gefängnisstrafe verurteilt. Hou Dejian, ein bekannter Musiker aus Taiwan und Komponist von »Erben des Drachens«, übersiedelte 1983 illegal von Taiwan in die VR China und wurde nach dem 4. Juni 1989 von der chinesischen Staatssicherheit über die Provinz Fujian nach Taiwan ausgewiesen. In Taiwan wurde er von den Behörden wegen illegalen Grenzübertritts verurteilt. 1992 ging er nach Neuseeland ins Exil und arbeitet dort als Fengshui-Meister. Gao Xin, vormalig Dozent an der Pädagogischen Hochschule Peking, ging nach dem 4. Juni 1989 ins Exil in die USA. Er erforscht die Politik der obersten Parteiführung der KP Chinas und ist unter anderem Verfasser von »Chinas Prinzenpartei«.

sonniger Tag und ich kann seinen Atem spüren – ein friedlicher, gleichmäßiger und ruhiger Atem.

Gerne würde ich in meiner Erinnerung an diesem Punkt verweilen, doch etwas anderes schiebt sich vor dieses Bild, und einmal in meiner Erinnerung aufgetaucht, läßt es mich nicht mehr los. Das, was mir keine Ruhe mehr läßt, ist genau jene Stimmung, die mich einst zum Schreiben gebracht hat, etwas, das ich sorgfältig und behutsam aufgebaut oder einfach hingenommen habe. Ich setze mich ihm aus, bis ich das Gefühl habe, daran zu ersticken. Es hat mit China zu tun. Und ganz besonders mit Peking. Damit, von meiner Heimat fort zu sein.

Ich will versuchen, es zu beschreiben:

Gestrandet in einem der vierstöckigen Wohnblöcke im Wohnbezirk für Lehrer und Angestellte der Pekinger Xixiao-Universität, in einer kleinen Wohnung im zweiten Stock, fernab der Massen, ein bescheidenes, aber gemütliches Heim. Mittags und abends gehe ich mit meiner Lunchbox in die Uni-Mensa und hole mir etwas zu essen. Manchmal gehe ich danach noch ein Stück spazieren und suche einen im selben Bezirk lebenden Freund, den Maler Ah Xian[18], auf, den ich jedesmal mit melancholischer Miene in die Betrachtung eines bereits gerahmten Bilds versunken vorfinde. Vor dem Fenster wirbelt der Herbstwind die Blätter in leisem Rauschen auf. Allabendlich um halb sieben schlurfe ich in meinen Pantoffeln hinüber zum vorderen Block, in dem meine Eltern leben, und sehe mir mit ihnen die Abendnachrichten von CCTV an. Beinahe regelmäßig schwinge ich mich einmal pro Woche bei Einbruch der Dunkelheit auf das Fahrrad und fahre durch die Baishiqiao-Straße in Richtung Weigongcun. Ein Weg von gut zehn Minuten, der mich zu den Wohnhäusern der Angehörigen des Zentralen Nationalen Minderheiteninstituts führt, wo ich meinen Freund Zhou Duo besuche. Seine Wohnung ist immer hell erleuchtet. Sobald er mein Klopfen vernimmt, erhebt er sich eher unwillig von seinem Schreibtisch und bittet

18 Chinesischer Künstler, lebt heute in Zürich und Peking.

den häufigen Gast aber dennoch zu seinem nächtlichen Besuch
herein. In der Hand die unvermeidliche Brille, reckt und streckt
er sich, um seine Verspannung vom vielen Sitzen am Schreibtisch zu lösen. Während er sich die überlasteten Augen reibt, sagt
er zu mir: »Komm, laß uns was essen.«
Und wir beginnen zu reden. Nebenan hört man die Flüche seines an hoffnungsloser Depression leidenden Vaters. Der alte Pro-
fessor hat etwas von einem Propheten – jeden Tag verkündet er
den nahenden Weltuntergang. Wir kümmern uns einfach nicht
darum.
Die westlichen Bezirke Pekings im Herbst. Breite Straßen, kahle
und hoheitsvolle Bäume, die den alten Männern ähneln, die sich
mit einem stummen Lächeln das laute Lachen der hin und wieder auf ihren Fahrrädern vorbeiradelnden Mädchen anhören.
Dann gab es noch diese Verrücktheiten an den Wochenenden.
Man wartete am Freundschaftsladen neben dem Jianguomen-
Tor auf das Auto eines Langnasen-Freundes, stieg rasch ein und
duckte sich auf dem Rücksitz weg, damit man den Blicken der
Gruppen von bewaffneten Polizeipatrouillen in Zivil entging,
und fuhr mit in fremdes Territorium – in das Diplomatenviertel
von Sanlichun. Dort dauerten die Parties die ganze Nacht, es gab
Alkohol, Zigaretten, leckeres Essen, ausländische Botschafts-
angehörige und Geschäftsleute, sinnliche und charmante Auslän-
derinnen tanzten und feierten ausgelassen im ohrenbetäubenden
Lärm der Popmusik, in dem man sich nur schreiend unterhalten
konnte. Es war eine Oase der Freiheit innerhalb unserer Welt
hinter dem Eisernen Vorhang der 1980er Jahre, und wir genossen sie in vollen Zügen, denn sie war ebenso gefährlich wie aben-
teuerlich.
Viel öfter allerdings hockten wir in engen, kleinen Buden zusammen und freuten uns an einem gelungenen Gedicht oder an der
neuesten Ausgabe einer Untergrundzeitschrift und hatten von
der fernen Welt des Westens nur sehr vage Vorstellungen. Das
war unser »Untergrundleben«, und angesichts der Restriktio-
nen, denen wir ausgesetzt waren, blieben wir im immer selben

Trott hängen. Das Wissen um die Existenz einer anderen Welt bereitete uns ohnehin nur namenlose Qual, und so versuchten wir lieber, durch das Schreiben, die Geschichte wie die Gegenwart zu vergessen – auch wenn wir uns damit nur Illusionen machten und unser Ego aufbliesen. Die Härte der Realität sollte uns früh genug einholen.

Bücher. Das Glück eines guten Buchs, das man vor lauter ungeduldiger Vorfreude bereits im Gedränge eines öffentlichen Busses aufschlägt. Der Wind, Sandstürme, immer wieder das Pfeifen des eiskalten Windes – das alles ist nur schwer zu beschreiben, und doch war es das, was zu meinem Alltag in Peking dazugehörte. In meiner Pekinger Wohnung waren die Wände komplett voller Bücherregale, die mehr als tausend Sammlerstücke, die dort zuoberst lagen, sind schon längst in weite Ferne gerückt, ich komme nicht mehr an sie heran. Ich versuche sie mir in diesem Moment vorzustellen, aber ich kann mich nur auf meine Erinnerung verlassen.

In der Stille sehne ich mich danach, daß ein Freund plötzlich an die Tür klopft. Ich stelle mir vor, ich rücke den Stuhl bis vor das Regal, steige darauf und finde ein seit langer Zeit ganz oben im Fach verborgenes Buch – William Faulkners *The Sound and the Fury* in chinesischer Übersetzung. Dieses Buch hatte ich schon vor Jahren gekauft, aber in den Wirren meines Lebens nie die Ruhe gefunden, um es ganz zu lesen. Diesmal öffne ich das Buch und lese es in einem Zug.

Dann finde ich mich in den USA wieder, ein wahrer Analphabet mit nicht einem einzigen Buch an den leeren Wänden meines Zimmers. Jeden Morgen beim Aufwachen wird mir deutlich bewußt, wie träge mein Denken geworden ist, weil es mir an Lektüre fehlt.

Ich studiere die vielen kleingedruckten Wohnungsanzeigen für den Stadtteil Queens in den *World News*.

Dreihundert Dollar brauche ich, um ein einfaches Zimmer zu mieten, oder ich suche mir ein Zimmer im Souterrain, dann sind es nur zweihundert. *Ich muß jedenfalls weg aus Manhattan, das ist einfach zu teuer, Queens geht schon eher, und viele Chinesen gibt es dort auch ...* Ich spreche laut mit mir selbst.

Ich spreche über Details, die unvermeidlichen Sachzwänge, mit denen man sich im Leben befassen muß.

Ich wohnte dann für zweihundertfünfzig Dollar im Monat in einem Zimmer im Graduiertenwohnheim auf dem Campus der Columbia University in Upper Manhattan. Jeden Tag streifte ich über den Campus, die majestätischen Marmorgebäude im Sonnenlicht leuchtend, ein Strom jugendlicher Gesichter rauschte an mir vorbei, Studenten, die eilig hierhin und dorthin schwirrten. Ich spazierte weiter bis zu einem Zeitungskiosk am Broadway, wo ich die Schlagzeilen der chinesischsprachigen *World News* studierte, um zu sehen, was in den verschiedenen Ecken der Welt passierte, während die Mehrzahl der Kunden sich im Vorbeigehen die *New York Times* kaufte, die viel ausführlicher war, die ich aber nicht lesen konnte.

In den fünf amerikanischen Städten, die ich kennengelernt habe, ging ich immer zuallererst schnurstracks in den nächsten Buchladen und zog aus den wohlgeordneten Regalen ein Buch nach dem anderen, doch mehr als die Titel der Bücher verstand ich nicht, nicht eine einzige Seite vermochte ich zu lesen. Mit der Zeit ging ich immer seltener in Buchhandlungen. Ich hatte meine frühere Freude daran verloren.

Ohne Sprache ergibt alles keinen Sinn. In den Vereinigten Staaten von Amerika, fern von der muttersprachlichen Umgebung, in der alles einen Sinn ergab, arm an Substanz und Geist, war ich völlig isoliert, bedeutungslos.

Die Welt ist zu groß, und das China, das ich kannte, ein schwieriges Pflaster. Auch zwanzig Jahre nach dem Prager Frühling waren diejenigen Tschechen, die ins Exil gegangen waren, noch immer nicht zurückgekehrt. Anfangs, als sie fortgingen, machten sie sich dieselben Illusionen wie ich und meinten, daß sie in zwei, drei Jahren in ihr Land zurückkehren würden, daß sich bis da-

hin alles beruhigt haben würde, all die Jugendlichen, die sich auf
den Straßen Prags den sowjetischen Panzern entgegengestellt
oder sich selbst angezündet hatten, rehabilitiert sein würden.
Aber auch nach einundzwanzig Jahren hatte sich kaum etwas
geändert.

Der im amerikanischen Exil lebende Dissident Alexander Solschenizyn verkündete einst trotzig: »Ich werde ganz gewiß nicht
früher als meine Bücher zurückkehren.« Wer weiß schon, was
morgen wird? Wir sind alle keine Propheten, auch die Schriftsteller nicht. Die Aufgabe eines Schriftstellers besteht nicht darin,
Voraussagen über die Zukunft dieser Welt zu machen; die Feder
des Schriftstellers kann einzig und allein von eigenen Erfahrungen schreiben, von der wahrhaften oder illusorischen Existenz
in dieser Welt.

Ich erinnere mich daran, wie viele Vorwürfe ich mir nach dem
vierten Juni dafür machte, nicht vor Ort gewesen zu sein, meine Selbstvorwürfe gingen bis zum Selbsthaß. Es ging mir wie in
einem Gedicht des irischen Dichters Seamus Heaney: »Ein Irr-
tum/Im Leben gibt es nur einmal ein böses Omen«, auch ich
fühlte mich »dem Massaker entkommen«. Wie kann ein Schriftsteller zwischen dieser »diamantenen Perfektion« und dem eigenen Schreiben das Gleichgewicht bewahren?

New York. Das Exil hat lange begonnen, ich kann die Uhr nicht
mehr zurückdrehen. Das Leben, mit dem ich konfrontiert bin,
ist aus vielen Bausteinen zusammengesetzt. Nun muß ich eben
in einem Restaurant einen Aushilfsjob annehmen, spüle neun Stunden am Tag Teller, bis meine Hände vom vielen Desinfektions-
mittel ganz blaß werden. Aber ich kann mich nicht beschweren.
Dieses Land hat mich aufgenommen, mir bleibt allein, mich selbst
zu versorgen.

Ich frage mich, ob ich mich in den USA überhaupt noch auf das
Schreiben einlassen kann. Vielleicht. Es bedeutet eben, noch flei-
ßiger zu sein, noch mehr Willen zum Durchhalten zu zeigen. Ich
will ein einfaches, anständiges Leben führen, angefangen beim

Studium der englischen Sprache, und versuchen, die schlechten Angewohnheiten, die mir ein despotisches Umfeld anerzogen hat, unter Kontrolle zu bringen, all die Gewohnheiten des Lebens, bei denen mir eine – meine damals in langsamerem Tempo lebende – Gesellschaft mit Nachsicht begegnet ist.

Konfrontation also. Etwas anderes bleibt mir gar nicht übrig.

4 Die Gründung von *Tendenzen*

Literatur im Exil

Nach dem Massaker vom vierten Juni flohen Hunderttausende von Studenten, die sich an den Demonstrationen beteiligt hatten – Reformpolitiker, Geschäftsleute, Schriftsteller und Intellektuelle –, aus China nach Europa oder in die USA; es war eine der größten Exilbewegungen am Ende des zwanzigsten Jahrhunderts. Dazu gehörten Lao Mu, der nach Frankreich ging, Jiang He und ich blieben in den USA, Duo Duo schaffte es am Abend des vierten Juni gerade noch auf einen Flug über Hongkong nach England, Yang Lian und Gu Cheng blieben in Neuseeland, wo sie gerade als Stipendiaten zu Gast waren, und Bei Dao blieb zunächst in Europa. Der spätere Nobelpreisträger, der Dramatiker und Romanautor Gao Xingjian, ging nach Frankreich. Und die anderen? Unter denen, die ins Ausland flohen und zum Teil dort blieben, waren Su Xiaokang, Zheng Yi, Su Wei, Zhang Langlang, Xue Di, Meng Lang, Kang Zhengguo, Lao Gui, Ha Jin, Wan Zhi, Yang Xiaobin, Zhao Yiheng, Kong Jiesheng, Shi Tao, Song Lin, Zhang Zhen, Zhang Liang, Zhang Zao, Hong Ying, Liu Zaifu, Hu Dong, Ma Jian, Yan Geling, Yan Li, Ah Cheng und viele mehr – im Ausland versammelten sich die wichtigsten Vertreter der zeitgenössischen chinesischen Literatur.

Der vierte Juni hatte mein Leben in unvorhergesehener Weise verändert. Ich war mit einem B1-Visum, das zu einem kurzzeitigen Besuch in den USA berechtigt, eingereist und hatte danach eine Verlängerung beantragt. Im April 1990 unterzeichnete der amerikanische Präsident Bush ein Verwaltungsdekret, das allen chinesischen Bürgern Schutz durch den amerikanischen Staat gewährte. Auf diese Weise erhielten alle in den USA lebenden chinesischen Staatsangehörigen die Möglichkeit zur Verlängerung ihres Aufenthalts in den Staaten. Also blieb ich.

1992 verabschiedeten die beiden Abgeordnetenhäuser des US-Kongresses ein »Gesetz zum Schutz der chinesischen Studenten«, das im Oktober desselben Jahres von George Bush unterzeichnet wurde. Das Gesetz bestimmte, daß denjenigen chinesischen Bürgern, die ihren Aufenthalt in den USA aufgrund des Dekrets vom April 1990 verlängert hatten, das Recht auf einen Antrag auf eine permanente Aufenthaltsgenehmigung zustehe. Damit erhielten etwa achtzigtausend vor dem 10. April 1990 in die USA eingereiste chinesische Auslandsstudenten, Dozenten und ihre Angehörigen das Recht auf einen dauerhaften Verbleib in den Vereinigten Staaten; auch viele Künstler, Schriftsteller und andere Intellektuelle waren unter ihnen. Dieser Status wurde als »Vierter-Juni-Greencard« bekannt. Davon profitierten auch die zu diesem Zeitpunkt noch in China, in Hongkong und Macao lebenden Ehegatten und Kinder sowie die in diesem Zeitraum zum Besuch von Angehörigen, als Touristen oder Geschäftsleute in den USA weilenden Chinesen, selbst die illegal Eingereisten hatten Anspruch auf die Greencard. Insgesamt profitierten gut zehntausend Chinesen aus der Volksrepublik von dieser Regelung. Es war die größte Gruppe chinesischer Immigranten in der Geschichte der Auslandschinesen in den USA.

Zur selben Zeit hatten bereits weitere zehntausend Chinesen das Aufenthaltsrecht in ihren Gastländern in Europa, in Kanada oder Australien erworben.

Vor dem Hintergrund dieser Entwicklung entstand die neue Welle der chinesischen Exilliteratur. Dazu zählten und zählen auch diejenigen Schriftsteller, die zwar in der Volksrepublik China beheimatet sind, deren Werke aber nur im Ausland oder in Hongkong und Taiwan veröffentlicht werden dürfen. Zwischen den Exilschriftstellern untereinander, zwischen den Exilschriftstellern und den Schriftstellern in der Volksrepublik und zwischen den Exilschriftstellern und den Untergrundschriftstellern in China herrschen sehr komplexe und verwirrende Beziehungen.

Ende 1989 reagierte der Rektor der Brown University, Vartan Gregorian, auf einen dringenden Appell der *American Writers' Association* und der *Human Rights Watch* und entschied, chinesische Exilschriftsteller im Programm »Kreatives Schreiben« am Institut für Englische Sprache an seiner Universität unterzubringen. Im Januar 1990 wurden Xue Di, der soeben aus China geflohene Schriftsteller Lao Gui alias Ma Bo und ich für das dortige Programm »Freiheit zum Schreiben« ausgewählt und wurden so die ersten *Writers in Residence* an der Brown University in Providence, der Hauptstadt von Rhode Island. Sie ist groß, aber mit annähernd zehntausend Bachelor-Studenten überschaubar. Als ich zum ersten Mal durch das Tor des von Eisengittern eingefaßten Campus trat, tanzten vor meinen Augen die mehr als zweihundert Jahre alten roten Backsteingebäude, die weit über die Rasenflächen verstreut lagen.

Meine erste Zeit an der Brown University ist mir bis heute unvergeßlich geblieben, vielleicht einfach deshalb, weil sie so eng mit der Erinnerung an jene verlorene Studentenrevolution verknüpft war. Wir drei wurden wie Ehrengäste der Universität behandelt, der Rektor, der Leiter des Literaturinstituts und die Professoren waren sehr freundlich zu uns, luden uns immer wieder zu Gesprächen ein, zum gemeinsamen Mittagessen oder abendlichen Empfängen. Wir waren von der unerwarteten Freundlichkeit überwältigt. Bei Einladungen dolmetschte für uns in der Regel der am Institut für Vergleichende Literaturwissenschaft der Universität lehrende taiwanesische Dichter Dr. Yang Ze. Er war beim Sprechen immer sehr aufgeregt, und allzuoft vergaß er das Übersetzen einfach, mit dem Ergebnis, daß sich nicht etwa die Gäste, sondern der Dolmetscher mit den Gastgebern amüsierte, während wir daneben saßen und kein Wort verstanden, ab und zu dämlich lachten oder verhalten lächelten und zu reinen Nebenfiguren wurden. Da ich mit meinem Chinesisch nichts entgegenzusetzen hatte, setzte ich eine gelassene Miene auf und übte mich in höflichem Lächeln.

Die Zentralbibliothek der Universität hatte immer bis nachts um ein Uhr geöffnet. In dieser Zeit, in der es noch kein Internet gab, wurden die dort erhältlichen chinesischen Zeitungen *Zhongyang Ribao, Shijie Ribao, Singapore News* und eine limitierte Anzahl von Zeitungen aus Taiwan zu der Nahrung, mit der ich mich dem Englischen widersetzte. Ich brachte dort den ganzen Abend durch, oft bis zu dem Klingeln, das das Schließen der Bibliothek ankündigte. Erst dann verließ ich unwillig meine Lektüre, ging hinaus in die unendliche Weite der Nacht und hatte meine Freude daran, mit meinem Fahrrad in der zum Verrücktwerden grenzenlosen Stille des nächtlichen Campus herumzufahren.

Dies war die wirkliche englischsprachige Welt. Der Unterschied zu New York war gewaltig und ich benahm mich taktlos wie ein Idiot. Am Institut für Englische Sprache, wo ich kaum ein Wort verstand, war ich ein Waisenknabe. Ich war nicht einfach nur ein Analphabet im Englischen – ich war ein Vollidiot. Wenn ich im Seminar zu einem Beitrag aufgefordert wurde, war ich nichts weiter als ein hilflos stotternder Flüchtling und kein Schriftsteller.

Das war das Trauerspiel der ersten Jahre. Im Oktober 1992 beschrieb Xue Di in seinem Geleitwort zu meinem von ihm publizierten Gedichtband *Thema und Variationen* unser Leben an der Brown University mit den folgenden Worten:

Ich bin in der Fremde, und der Verfasser von Thema und Variationen *ist es auch. Wenn wir wollen, können wir uns jeden Tag treffen. Meistens begegnen wir uns zufällig irgendwo auf dem Campus. Um uns herum all die amerikanischen Studenten, die über den Rasen eilen. Sie haben kräftige Beine und gehen stets hocherhobenen Hauptes. Ihre Kleidung flattert mit jedem ihrer hastigen Schritte und fängt das glänzende Sonnenlicht ein. Der Verfasser von* Thema und Variationen *hält den Kopf stets gesenkt, sein Blick ist in sich gekehrt und scheint ein bißchen düster, ohne auf seine Umgebung zu achten steht er inmitten der Herde von Studenten vor den Lehrgebäuden in europäischem Baustil und einsam durchstreift er den weitläufigen Campus.*

Würde ich ihm zufällig auf der Straße begegnen, würde ich ihm ohne Zögern meinen jüngsten Alptraum aus der vergangenen Nacht erzählen. Mein Gesicht ist immerzu gemüsegelb und mein Kopf tut weh, als wollte er zerplatzen.
So sieht unser Leben aus. Und so schreibt Bei Ling:

alles wird verhüllt
das Unglück unseres Lebens
ist unserer Rasse bereits ins Gesicht eingebrannt
wie von einem herabfallenden Sonnenstrahl
unvergleichlich monoton und doch vielfach
die Tage, an denen man die Sprache um Gnade bittet und die
    Sprache verliert

So sieht unser Leben aus. Tag um Tag. Die Einsamkeit gibt sich nicht damit zufrieden, einfach nur uns selbst innerlich zu ent-stellen. Man hebt den Blick und sieht nur Fremde. Die Heimat ist weit weg.

wie die Jahresringe
endlos, unermüdlich an den Krieg erinnernd
den Krieg mit dem Ort, an dem wir geboren wurden.
...
dieses Reservat
unseres Bewußtseins von Verlorenheit

Man kann den durchdringenden, schmerzvollen Ton hören, der aus dem Inneren dieses Dichters kommt. Innerhalb von zwei Jahren hat Bei Ling nicht mehr als drei Gedichte verfaßt. Man kann die Schwierigkeiten, den Kummer, die Unendlichkeit, die Schwere, die aus ihnen sprechen, greifbar vor sich sehen. In der Fremde habe ich den Schmerz eines anderen Dichters gefühlt.

Sicher war ich, ein konfuser, unbekannter chinesischer Untergrunddichter einfach mental nicht ausreichend vorbereitet auf
die Widrigkeiten des Exils, mein Verstand war dem Ganzen noch
nicht gewachsen.

In diesen drei anstrengenden Jahren an der Brown University war
ich schwermütig bis manisch-depressiv, rein gar nichts brachte
ich zustande. Wenn ich nicht mehr weiterwußte, fuhr ich oft
nach New York, in die chinesischsprachige Welt der Metropole,
eine Welt mit guten Freunden und Freundinnen; meine liebsten
Gesprächspartner waren alle in New York.

In jenen Jahren gab es keinen englischsprachigen Kollegen, der
mich ernst genommen hätte; daran wäre überhaupt nicht zu denken gewesen. Ich wurde Tag für Tag depressiver und allmählich
hörte ich ganz auf, Gedichte zu schreiben. Zwischen 1990 und
1993 habe ich kaum Gedichte verfaßt, obwohl ich einräumen
muß, daß ich ohnehin nie ein besonders produktiver Dichter gewesen bin.

In der Folgezeit begann ich verstärkt, Essays zu schreiben. Die
bittere Realität meines Heimatlands, die enormen Veränderun-
gen in meinem China, das ungute Gefühl, am Institut für Englische Sprache ein Sprachloser zu sein, die Erfahrung des zu einer
rein nonverbalen Kommunikationsweise verurteilten *Writers in
Residence*, fand in einigen wenigen Gedichten und Essays dieser Zeit ihren Niederschlag.

Das Exil bedeutet nicht nur das Verlassen der Heimat, es bedeutet vielmehr den Verlust der vertrauten muttersprachlichen
Umgebung. Einem Exilschriftsteller bleibt kaum etwas anderes
übrig als zu versuchen, sich eine neue sprachliche Heimat zu schaffen.

In jenen Jahren gaben vor allem die russischen Exilschriftsteller Alexander Solschenizyn und Joseph Brodsky meiner Phantasie einen Ort. Sie lebten bereits seit vielen Jahren in den USA, an
der Ostküste, was schon allein geographisch eine Verbindung
zur Brown University beziehungsweise Boston herstellt; für mich
eine gleichsam psychologische Verbindung. Brodsky beherrschte

die englische Sprache meisterhaft und stand in regem Austausch mit englischsprachigen Autoren. Er lehrte an einer kleinen Privatuniversität in Neuengland, bevorzugte aber, im lärmenden Trubel von New York zu leben. Er pendelte zwischen Europa und den Vereinigten Staaten hin und her und engagierte sich in der internationalen Literaturszene, war das lebende Beispiel eines totgesagten und wiedergeborenen Exilschriftstellers. Solschenizyn bildete eine Art extremen Gegenpol zu Brodsky. Er lebte abseits der Massen in der Gegend von Cavendish in Vermont, blieb völlig in der russischen Sprache verwurzelt und weigerte sich, Englisch zu lernen. Er lebte allein, in der Selbstbestimmtheit eines Eremiten und arbeitete fortgesetzt an der fünf Millionen Worte umfassenden Romanserie *Das Rote Rad*.

Dann gab es noch Czesław Miłosz, der am Institut für Slawische Sprachen der University of California Berkeley eisern Russisch lehrte und schrieb. Im Oktober 1989 veranstalteten Fei Ye, Maxine Hong Kingston und ich gemeinsam mit Miłosz eine Lesung an der Kunstakademie von San Francisco. Mein Englisch taugte damals für kaum mehr als den Austausch von Grußworten, aber uns genügten die Literatur und das Einverständnis in unseren Blicken, um uns für zwei Stunden lang eine kulturelle Heimat zu schaffen.

Brodsky war mir ein echtes Vorbild. Wieder und wieder habe ich seine ins Chinesische übersetzte Gedichtanthologie *Von Bitburg bis Stockholm* gelesen. Seine Rede über den *Zustand, den wir Exil nennen*, die er bei einer Konferenz von Exilschriftstellern 1982 in Paris gehalten hat, beschreibt dieses Gefühl des Unwohlseins, des Sich-nicht-abfinden-Könnens; mit jedem Wort trifft er den Nagel auf den Kopf. Er zeichnet die Situation des Exilschriftstellers als ein Gefühl des mit knapper Not Entkommenen, dem die geschenkte Muttersprache erst zum Schutzschild wird, um dann schließlich zu einer Raumkapsel zu werden, in der man einsam eingeschlossen ist. Er traf damals mit einem Rat, der unseren unfreien Verstand betraf, genau den entscheidenden Punkt: »Wenn wir vergessen haben, wie sich der Name

des Tyrannen schreibt, dann sind wir wirklich frei.« Dieser Satz
ging mir seither immer wieder durch den Kopf.
Eine Zeitschrift für Exilliteratur gründen. Das war der richtige
Weg. Das hieß, sich eine sprachliche Heimat zu schaffen.

Die Gründung von *Tendenzen*

Das zwanzigste Jahrhundert kennt eine lange Tradition von
Literaturzeitschriften und Verlagen, die von Exilschriftstellern
gegründet wurden. Im Oktober 1989 veröffentlichte der im US-
amerikanischen Exil beheimatete Dichter Fei Ye in San Francisco einen offenen Brief, in dem er alle im Ausland lebenden chinesischen Schriftsteller zur Gründung einer Vereinigung von
Exilliteraten aufrief. Er schlug die Herausgabe einer eigenen Zeitschrift mit dem Titel *Exil* vor und hatte dabei meine volle Unterstützung. Fei Ye hatte jedoch kaum eine Vorstellung davon, daß
es zur Herausgabe einer solchen Zeitschrift wirklich entschlos-
sener Hartnäckigkeit und eines massiven Aufwands an Zeit und
Energie bedurfte, daß man sich für dieses Projekt nicht auf gelegentliche Spenden verlassen konnte und zumindest ein gewis-
ses Grundeinkommen nötig war, damit man sich der Zeitschrift
widmen und gleichzeitig über Wasser halten konnte. Ganz abgesehen von den voraussehbaren Intrigen und Diffamierungen
durch die eigenen Landsleute, wenn nicht sogar die eigene Zunft.
Das Ende vom Lied war, daß schließlich weder die Liga der Exilschriftsteller noch die Zeitschrift *Exil* je zustande kamen.
Der Plan ging zwar sang- und klanglos unter, aber dennoch gab
es ein stilles Einverständnis darüber, daß es nach dem vierten
Juni auf dem einmal eingeschlagenen Weg kein Zurück mehr
gab und die chinesischen Schriftsteller im Exil sich organisieren,
vernetzen mußten.
Ende 1992 erhielt die »Stiftung für Demokratie in China« – gegründet von Shen Tong, einem der Studentenführer des vierten
Juni – von der John D. and Catherine T. MacArthur Foundation

für eine von mir geplante Literaturzeitschrift einen Zuschuß von
zehntausend US-Dollar. Shen Tong und ich hatten uns 1985 in
Peking kennengelernt. Er war kurz vor dem Massaker auf dem
Tian'anmen-Platz aus Peking geflohen und studierte nun an der
Brandeis University in Massachusetts. Wir führten zahlreiche
Gespräche über das Konzept der Zeitschrift. Da er gerne wollte,
daß ich dafür verantwortlich zeichnete, einigten wir uns darauf,
daß die Stiftung für Demokratie in China mir ein Zimmer und
eine monatliche Zahlung von zweihundert Dollar zur Verfügung
stellte, damit ich mich der Arbeit an *Qingxiang (Tendenzen)*,
wie ich das Magazin nennen wollte, widmen konnte. Im Februar
1993 zog ich also von der Brown University in die Gegend um
das etwa eine Autostunde entfernte Boston und begann meine
Arbeit an *Tendenzen*.

Der Name *Tendenzen* geht auf die ursprünglich von mir zusammen mit Lao Mu, Chen Dongdong, Zhang Zhen und anderen
1988 in China etablierte Untergrundlyrikzeitschrift mit demsel-
ben Namen zurück. Im Vorwort zum ersten Heft beschrieben
wir damals unser Programm: »Mit einer ernsthaften Haltung auf
Entdeckungsreise gehen und wirkliche Entdeckungen machen –
das ist die Richtung von *Tendenzen*. Sie gründet sich auf den
Idealismus der Dichter und einen intellektuellen Geist, der sich
durch ihren Ehrgeiz immer weiter entfalten wird.« *Tendenzen*
erschien damals dreimal, bis die Zeitschrift nach dem vierten Juni verboten wurde.

Nun, mehr als zehn Jahre nach dem Tian'anmen-Massaker, wer-
kelten all die Untergrundliteraten mit ihren im Untergrund publizierten Heften und Büchern mehr oder weniger erfolgreich
vor sich hin. Deshalb wurden für *Tendenzen* von vornherein
einige feste Rubriken festgelegt, so zum Beispiel die program-
matische, auf den Fortbestand der Untergrundliteratur in China
verweisende Reihe »Nicht-offizielle Literaturzeitschriften in der
Volksrepublik China – eine Übersicht« sowie ein »Memorandum
für chinesische Literatur und chinesische Künstler und Schriftsteller«. Diese Rubriken galten der Dokumentation unserer Ge-

schichte, dem Gedenken an wichtige Ereignisse. Auch das war eine Aufgabe von *Tendenzen*.

Shi Tao stand mir seit 1979 sehr nahe, uns verband inzwischen eine über zehnjährige Freundschaft, und so lag es nahe, ihn ebenfalls in die Redaktion zu bitten. Ich bot ihm den Posten des stellvertretenden Herausgebers an, und er stimmte freudig zu. Er lehrte damals in Maine am Bennington College und fuhr jedes Wochenende drei Stunden mit dem Auto nach Boston, um gemeinsam mit mir und Shen Tong *Tendenzen* zu planen. Ich entwarf das Vorwort zur ersten Ausgabe der Zeitschrift, das dann von Shi Tao noch einmal redigiert und mit der Redaktion diskutiert wurde. Die Hälfte der Beiträge für das erste Heft kam aus China. Meng Lang und Chen Zichan aus Shanghai waren für Akquise und Auswahl von Beiträgen aus China zuständig, Chen Dongdong war Redakteur für Lyrik, Sun Ganlu Redakteur für Erzählungen und Zhu Dahe Redakteur für Buchrezensionen. Von 1994 an wurde Meng Lang zum Koordinator aller Beiträge vom chinesischen Festland.

Im Oktober 1993 machte ich mich mit dem Manuskript der Erstausgabe von *Tendenzen* von New York aus auf den Weg nach Hongkong. Gleich nach der Landung suchte ich eine Druckerei auf und machte mich an die Endredaktion der Zeitschrift. Mit meinem chinesischen Paß hatte ich nur eine Aufenthaltsgenehmigung von sieben Tagen in der Kronkolonie, es gab also keine Zeit zu verlieren. Hongkong im Oktober war immer noch ein unerträglich schwülwarmer Ort. Ich saß in der Wohnung des Dichters Huang Canran, der später zum Lyrikredakteur der Zeitschrift wurde, in North Point, in einem dieser typischen, wie ein Wald nebeneinander aufragenden Wohnsilos. Die Druckerei lag im industriellen Kwun-Tong-Bezirk von Kowloon. Ich konnte von den Docks in North Point eine Fähre ins gegenüberliegende Kwun Tong nehmen und zu Fuß zur Druckerei gehen, um mir die letzten Druckfahnen anzusehen. In der Druckerei herrschten unmenschliche Arbeitsbedingungen, die Maschinen in der Fabrik machten einen ohrenbetäubenden Lärm, die Luft war erfüllt vom Lösungsmittelgeruch des Toners. Um Zeit zu sparen, gönnte ich mir kaum Schlaf und vergaß völlig zu essen. Ich kontrollierte von morgens bis abends die Druckfahnen, bevor ich mein Okay für den Druck gab. Ich nahm mir einen Tag frei, um mit der Fähre nach Macao und zurück zu fahren, wodurch ich mein Visum um weitere sieben Tage verlängert hatte. Mitte Oktober erschien schließlich *Tendenzen*, ein zweihundert Seiten starkes Heft mit einer Gesamtauflage von 1500 Exemplaren, davon allein rund siebenhundert Exemplare für den »Jugendbuchladen« in Wan Chai, fünfhundert Exemplare als Geschenk für Freunde, Bibliotheken und Universitäten in China und weitere zweihundert Exemplare, die ich zum Kommissionsverkauf an Bekannte und Freunde in allen Teilen der Erde verschickte. Um Kosten zu sparen, gönnte ich mir kein Taxi und heuerte mir auch keine Hilfskraft an. Statt dessen ging ich Tag für Tag in aller Frühe mit einem Handkarren die Hennessy Road hinunter, fuhr mit der Fähre ans gegenüberliegende Ufer, packte in der Druckerei die Hefte in einen Karton, den ich mit Klebeband zuklebte, verstaute ihn auf dem Handkarren und fuhr so mit jeweils hundert Exemplaren bepackt wieder auf die Hongkonger Seite hinüber, zog meinen Karren bis zur Post in North Point, um dort schließlich schweißgebadet einen Band nach dem anderen zu adressieren, in die entsprechenden Postsäcke zu stopfen und nach Taipeh, Peking, Shanghai, Chengdu, Boston, Paris, London oder Stockholm zu verschicken. Wenn ich mit einem Stapel fertig war, ging die mühselige Arbeit wieder von vorne los. Und dann kam der noch schweißtreibendere Teil. Drei- bis viermal pro Tag fuhr ich mit der Fähre zwischen Hongkong und Kowloon hin und her, um nach und nach siebenhundert Exemplare der Zeitschrift in die Straßenbahn in North Point zu wuchten und für einen Hongkongdollar fünfzig nach Wan Chai zu fahren, wo ich meine Last wieder auslud und bis zum »Jugendbuchladen« in der Johnston Road zog, die Pakete im Erdgeschoß am Eingang stapelte und dann eines nach dem anderen schulterte und keuchend, drei Stufen auf einmal nehmend, bis zum Laden im dritten Stock hinauf-

schleppte und sie schließlich Wei Zhihua übergab, dem unschätzbar wertvollen Buchhändler, der den gesamten Vertrieb für Hongkong übernahm. Ich war ein echter Kuli im Dienst von *Tendenzen*. Ich sagte mir, daß ich jung genug sei und nahm kein einziges
Mal ein Taxi für meine Wege, sondern brachte diese ersten 1500
Exemplare mit der Kraft meiner eigenen Entschlossenheit auf
den Weg in die Welt. Ich war damals gerade Anfang dreißig, in
den besten Jahren, wie man so sagt, aber ich war am Ende meiner
Kraft. Ich biß die Zähne zusammen und erlaubte mir nicht mehr
als den Stoßseufzer: »Bin wohl schon zu alt, daß ich mich derma
ßen kaputt fühle. Mit zwanzig wäre ich ohne Probleme mit den
paar Zeitschriften fertig geworden.«

Wenn ich jetzt daran zurückdenke, komme ich mir vor wie der
naive Held in Lu Xuns »Wahrer Geschichte des Ah Q«. Dieser
Kuli-Job diente nicht nur dazu, Geld zu sparen, er hielt mich tatsächlich ganz schön fit. Daß ich zu jener Zeit körperlich so gut
in Form war, habe ich der Tatsache zu verdanken, daß ich so
ein tüchtiger *Tendenzen*-Schlepper war.

Ende Oktober erschien also die Erstausgabe von *Tendenzen* in
Hongkong. Die Publikation wurde in den Hongkonger Kulturkreisen mit großem Interesse aufgenommen, und der Titel prangte auf einigen lokalen Feuilletonseiten. Es war, als hätte der Himmel ein Einsehen gehabt.

Am 5. November passierte ich mit dreißig Exemplaren *Tendenzen* im Gepäck problemlos die Zollkontrolle an der Grenze nach
China. Als ich den Boden in Shenzhen betrat, stellte ich meine
Tasche ab, ging in die Knie und atmete tief durch. Nach fünf Jahren Abschied war ich zum ersten Mal nach China zurückgekehrt. China, meine Heimat.

Im Dezember 1993 bestieg ich in Kanton den Expreßzug nach
Peking und fuhr einmal von Süden nach Norden, sechsunddrei
ßig Stunden lang quer durch das Land, hörte die lokalen Dialekte, beobachtete meine Landsleute, sah Landschaften und Menschen an mir vorüberziehen und ließ dieses China auf mich wirken. Als der Zug schließlich in Peking hielt, der Stadt, von der

ich lange Jahre getrennt gewesen war, blies mir beim Aussteigen der eisige Wind ins Gesicht. Dieser mir nur allzu vertraute Winter, ja, das alte Peking-Gefühl kam mit diesem kalten Schauer wieder hoch.

Beschattung und Gegenbeschattung

Schon in den achtziger Jahren hatte ich gewisse Fertigkeiten für die Untergrundarbeit entwickelt, die mir bei meiner Rückkehr nach China in den Neunzigern von großem Nutzen waren und überdies mit der Zeit immer ausgefeilter wurden. Nachdem ich mit diesen Fertigkeiten so viele Jahre der Überwachung durch die Behörden der Staatssicherheit *Guo'an* und der Öffentlichen Sicherheit *Gong'an* überlebt hatte, verewigte ich sie im Sommer 2000 in der dreizehnten Ausgabe von *Tendenzen* unter dem Titel: »Handbuch für die Arbeit im Untergrund«. Das beinhaltete unter anderem Ratschläge wie:

1. Telefonate, in denen es um sensible oder wichtige Angelegenheiten geht oder bei denen die Möglichkeit besteht, daß der angerufene Anschluß überwacht wird, dürfen ausschließlich von öffentlichen Telefonzellen aus getätigt werden. Niemals dürfen sie von zu Hause oder vom eigenen Handy aus geführt werden.

2. Wenn man einen Treffpunkt vereinbaren oder eine wichtige Absprache am Telefon tätigen muß, informiert man den Gesprächspartner über eine öffentliche Telefonzelle und läßt ihn seinerseits von einer öffentlichen Telefonzelle bei einer von einem selbst bestimmten Telefonnummer anrufen. Bei dieser Telefonnummer sollte es sich um ein Servicecenter mit öffentlichen Fernsprechern handeln oder um einen Laden mit öffentlichem Telefon, wobei man sich vorher mit dem Ladenbesitzer darüber verständigen muß, ob man dort Anrufe von einem Freund entgegennehmen kann. Erst dann kann man diese Nummer an den Freund weitergeben.

3. Wenn man über ein öffentliches Telefon bei jemandem anruft,
der vermutlich überwacht wird, sagt man nur seinen Spitznamen oder Nachnamen, damit nur der Freund erraten kann
oder durch einen bestimmten Tonfall genau weiß, wer der An-
rufer ist, der Abhörende dies aber nicht erraten kann.

Zurück in China, kommunizierte ich also mit Freunden konsequent nach diesem Leitfaden. Manchmal war ich aber einfach
zu aufgeregt, vergaß die Vorsichtsmaßnahmen und telefonierte
einfach von Freunden oder Verwandten aus. Erst später entdeckte ich, daß die Büros für Staatssicherheit und Öffentliche Sicherheit, ohne Näheres über meinen Wohn- und Aufenthaltsort zu
wissen, allein dadurch, daß ich bei einer überwachten Nummer
angerufen hatte, herausfinden konnten, von wo aus ich angerufen hatte, und innerhalb von nur fünfzehn Minuten vor Ort waren, um meine Schritte zu überwachen.
Nach meiner Rückkehr nach China waren die Zivilfahnder und
ich ein unzertrennliches Paar. Um die ständige Überwachung
loszuwerden und damit die »die staatliche Sicherheit gefährden-
de« Literaturbewegung in Ruhe arbeiten konnte – und nicht zuletzt auch zum Schutz meiner eigenen Privatsphäre –, sagte ich
den Herren in Zivil den Kampf an und eignete mir eine Reihe
von Techniken an, um sie mit ihren eigenen Mitteln zu schlagen.
In einer Stadt von der Größe Pekings bewegte ich mich auf dem
Fahrrad wie auf den eigenen zwei Beinen durch die Straßen und
Gassen jeder Größe. Wenn ich aus dem Haus ging, zwängte ich
mich mit dem Fahrrad zunächst immer erst einmal durch die
engsten *Hutongs* oder fuhr zuerst in die entgegengesetzte Richtung, um die mir folgenden Polizeiwagen zu täuschen. Da ich mich
wie ein Geist durch die kleinen Gassen bewegte, blieb der Staatssicherheit nichts anderes übrig, als ebenfalls ein Fahrrad auf ihrem Auto zu transportieren, auf das sie dann umstiegen, um
mich besser verfolgen zu können, wenn ich mich kreuz und quer
durch das Straßengewirr schlängelte.

Einmal war ich in Shanghai unterwegs und fuhr mit dem Fahrrad, um meine Verfolger zu verwirren, mit Absicht in ein Slumviertel am Ufer des Flusses Huangpu, wo sich Einwanderer aus Nordrußland angesiedelt hatten. Um nicht aufzufallen und keinen Ärger mit dem Pöbel auf der Straße zu bekommen, fuhr der Zivilbeamte eigens mit entblößtem Oberkörper, pfeifend, die Zigarette im Mundwinkel auf dem Fahrrad hinter mir her. Ich bog absichtlich in eine Sackgasse ein, an deren Ende ich anhielt, mich abrupt umwandte, meinem Verfolger direkt ins Gesicht schauend, und ihn fragte: »Wirst du es nicht langsam müde?«

Einmal stieg ich auch einfach plötzlich von meinem Rad ab, schloß es an und sprang schnell in einen Bus, kurz bevor die Türen zugingen. Doch meine Verfolger in Zivil waren gut geschult, stiegen rasch aus ihrem Fahrzeug und schafften es noch, sich schnell in eine Tür des völlig überfüllten Busses zu quetschen.

Eine andere Taktik, um meinen Polizeischatten zu entgehen, war, mit einem Taxi in die *Hutongs* einzubiegen und immer wieder in kleine Straßen abzubiegen, bis wir an einer Stelle waren, die den Verfolgern für einen Moment verborgen war. Dann drückte ich rasch dem Taxifahrer fünfzig Yuan *Renminbi* in die Hand, ließ ihn bremsen, schlüpfte schnell hinaus, und er fuhr geradeaus weiter davon, während ich mich durch ein offenes Tor in den nächsten Hof verdrückte. Nach zwei Minuten stahl ich mich wieder auf die kleine Gasse um mich zu überzeugen, daß ich das Auto der Verfolger erfolgreich in die Irre geführt hatte.

Die gescheiterte Registrierung von *Tendenzen*

Der 6. September 1995 war ein strahlend blauer Tag, an dem die Sonne blendete und der kühle Wind die Köpfe frei blies. Es war auch einer dieser Tage, an denen ich auf Schritt und Tritt Begleitung durch meine Schatten von der Staatssicherheit und der Öffentlichen Sicherheit hatte. Ich packte vier Exemplare von *Tendenzen* in meine Schultertasche und ging von meiner kleinen

Wohnung in den Wohnblöcken der Pekinger Handelsschule zum
großen Tor hinaus. In die gelangweilten »Zivilen« vor dem Tor
kam sofort Bewegung, laut jaulte der Motor ihres Jeeps auf, aber
als sie sahen, daß ich das Fahrrad nahm, mußten sie ertragen,
im Schneckentempo hinter mir her zu schleichen. Ich fuhr durch
die Shiqiao-Straße, am Zoo vorbei und dann durch die Chang'an,
immer drauflos mit der Attitüde des rebellischen Helden, bis ich
vor dem streng abgeriegelten, von Wachposten gesäumten Bürogebäude des Presse- und Informationsamts der Volksrepublik
China im Xuanwumenwai-Boulevard Nummer 40 im Bezirk
Xuanwu ankam. Ich stellte mein Fahrrad ab und schloß es an,
ordnete kurz meine Kleidung und ging die Stufen zur Pförtnerloge hinauf. Dort präsentierte ich dem Pförtner meinen chinesischen Paß und meinen Personalausweis und bat darum, zur
Abteilung für Periodika vorgelassen zu werden, um die Registrie-
rung der Zeitschrift *Tendenzen* als chinesisches Presseerzeugnis
zu regeln. Der Pförtner übergab meine Papiere an den zuständigen Kader, einen etwa vierzig Jahre alten Mann, der mich mit
mißtrauischen Blicken musterte. Während er in meinen Papie-
ren blätterte, fragte er mich in einem schwer verständlichen, der-
ben Pekinger Akzent: »Registrieren also? Das ist das erste Mal,
daß wir mir miteinander zu tun haben. Sie sind wohl ein Überseechinese? Ein Rückkehrer? Im Ausland veröffentlichte Publikationen müssen Sie bei uns nicht registrieren lassen.«
In breitem Peking-Chinesisch antwortete ich ihm: »Stimmt. Ich
bin ein Rückkehrer, ein Pekinger Überseechinese. Ich möchte
die Zeitschrift künftig von Peking aus veröffentlichen und sie
deshalb registrieren lassen.«
Der Kader wog die Situation ab. Mit Blick auf die vier »Body-
guards« nahm er den Telefonhörer und sagte: »Ist da das Amt
für internationale Angelegenheiten? Ich habe hier einen zurück-
gekehrten Überseechinesen, der sich wieder hier niederlassen und
veröffentlichen möchte, kümmert euch bitte um ihn.« Er legte
auf und schob mir den Anmeldebogen für Gäste hin, in den ich
Namen, Anschrift und Beruf eintragen mußte, bevor er mich in

die Haupthalle des Gebäudes hineinbegleitete. Während ich auf den Aufzug wartete, wand ich den Kopf nach den draußen wartenden Zivilfahndern um, die ziemlich erstaunt darüber schienen, daß es mir tatsächlich gelungen war, hineinzukommen. Es sah so aus, als ob die Möglichkeit, daß ich eine staatliche Behörde betreten könnte, nicht in ihrem Ausbildungskatalog vorkam, und ich konnte sehen, wie sie per Handy offenbar um weitere Instruktionen baten. Jedenfalls folgten sie mir nicht. Ich stieg mit dem Kader in den Aufzug, und wir fuhren in den sechsten Stock. Als die Tür aufging, erwartete mich im Flur bereits eine streng wirkende Dame im Kostüm von etwas über vierzig Jahren.

Ich zog die eigens für diesen Anlaß gedruckten Visitenkarten der *Tendenzen* heraus, woraufhin die Dame sich selbst vorstellte und mir ihrerseits ihre Karte mit dem Aufdruck »Staatliches Presse- und Informationsbüro, Amt für internationale Angelegenheiten und Auslandskooperationen – Wei Hong, Leitung« überreichte. Sie musterte mich von Kopf bis Fuß, mein langes Haar, die sommerliche Freizeitkleidung, und fragte: »Mein Herr, was für eine Frage wollten Sie mit uns bezüglich der Kooperation mit Auslandspublikationen besprechen?«

Statt einer Antwort gab ich ihr eine Ausgabe von *Tendenzen*. Sie nahm sich Zeit, sie durchzublättern, während ich gelangweilt die schmucklosen Wände anstarrte. Das Empfangszimmer war ohne jeden Sinn für Ästhetik ausgestattet, ein Tisch, vier Stühle, in der Ecke ein Sofa. Ich sagte: »Ich bin eigens gekommen, um für diese Zeitschrift eine Registrierungsnummer im Inland zu beantragen. Ich möchte die Zeitschrift künftig in China veröffentlichen.«

Frau Wei hörte sich mein Anliegen an und antwortete mit ausdrucksloser Miene: »Von Privatpersonen betriebene Verlage sind in der Volksrepublik China nicht zugelassen. Es gibt außerdem bislang noch keinen einzigen Fall, in dem eine solche Erlaubnis für eine bislang im Ausland erschienene Publikation erteilt worden ist.«

Ich erwiderte: »In Kapitel 2, Paragraph 35 der Verfassung der

Volksrepublik China steht ausdrücklich: ›Die Einwohner der Volksrepublik China haben die Freiheit der öffentlichen Meinungsäußerung, der Veröffentlichung, der Versammlung, der Bildung von Vereinigungen, des Reisens und der Demonstration.‹«
»Sie haben offensichtlich zu lange im Ausland gelebt und verstehen nichts von der Situation Chinas. In China ist es Privatpersonen nicht gestattet, die Publikation von Periodika und Verlagserzeugnissen zu beantragen. Alle Publikationen müssen von einer staatlichen Organisation gehandhabt werden, denn der Staat muß sicherstellen, daß alle Periodika und Verlagsprodukte seine eigenen sind.«
Es half nichts. Ich redete gegen taube Ohren an.

5 Eine großartige Erscheinung: Susan Sontag

Die erste Begegnung

Im Sommer 1993 arbeiteten Shi Tao und ich fieberhaft an der Publikation von *Tendenzen*. Wir wählten einige nicht-chinesische Autoren aus, die wir bewunderten und die ich in einem höflichen Schreiben um moralische Unterstützung für unser Magazin bat und fragte, ob sie unserer Redaktion als Berater zur Seite stehen würden, darunter Susan Sontag, Nadine Gordimer, Octavio Paz und Czesław Miłosz.

Ich legte dem Schreiben die englische Übersetzung meines Vorworts der Erstausgabe der Zeitschrift bei, damit sie sich einen Eindruck von *Tendenzen* verschaffen konnten. Susan Sontag antwortete sehr bald und signalisierte ihre Zustimmung; sie war mit unseren Zielen mehr als einverstanden. Sie machte sich außerdem die Mühe, in ihrem Schreiben meine Bezeichnung für sie – ich hatte »Schriftstellerin« und »Kritikerin« geschrieben – zu korrigieren. Sie wollte sich selbst als »Romanautorin« und »Essayistin« bezeichnet wissen. Aufgrund des großen Einflusses, den das tragische Leben von Walter Benjamin und seine Schriften auf mich ausgeübt hatten, und auch weil sein Werk unter chinesischen Intellektuellen kaum bekannt war, entschloß ich mich gemeinsam mit Shi Tao dazu, die Erstausgabe unserer Zeitschrift diesem großen Schriftsteller zu widmen. Zu diesem Zweck übersetzte Shi Tao Benjamins Aufsatz *Einbahnstraße* aus dem Englischen. Gleichzeitig baten wir um das Einverständnis Sontags, ihren 1980 zum Gedenken an Walter Benjamin verfaßten Text *Im Zeichen des Saturn* aus dem Englischen zu übersetzen. Diese Schrift war für mich damals – und ist es heute noch – ein Meisterstück zum Verständnis Walter Benjamins, ein Text von ungeheurer Kraft. Benjamin und seine Werke wurden zu einem wesentlichen spirituellen Band in der langjährigen Freundschaft zwischen mir und Sontag.

Ich sandte ihr regelmäßig die neuesten Ausgaben von *Tendenzen* zu, in der sie und die anderen redaktionellen Berater sich durch das von uns zweisprachig, auf englisch und chinesisch, aufgeführte Inhaltsverzeichnis über den Inhalt und die wesentlichen Themen der jeweiligen Ausgabe informieren konnten. Außerdem arbeiteten wir an einer Sonderausgabe zu Sontag und ihren Werken. 1996 lud sie mich schließlich zum ersten Mal zu einem Gespräch zu sich nach Hause ein. Das war unsere erste persönliche Begegnung.

Es war mir sehr wohl bewußt, daß mein Englisch im Frühling jenes Jahres immer noch völlig unzureichend für Gespräche war, deshalb bat ich eine junge Dozentin der Ostasiatischen Fakultät der Harvard-Universität, Tian Xiaofei, für mich zu dolmetschen. Wir trafen uns in Lower Manhattan und gingen gemeinsam zu Sontags Wohnsitz, ein großes, altes, aus Stein gemauertes Haus. Wir meldeten uns beim Portier, fuhren mit dem winzigen Aufzug nach oben, wo Sontag bereits vor der Tür auf uns wartete, in schwarzer Bluse und schwarzer Hose, eine große Frau mit freundlichem Gesicht, genauso schön, wie wir sie von Fotos kannten.

Der Eintritt in ihr geräumiges Loft überwältigte meine Sinne: Die Wände des Korridors waren voll von gerahmten Gemälden des Architekten und Malers Giovanni Battista Piranesi. Sontag bat uns in die geräumige Küche, wo sie für gewöhnlich Gäste empfing und von wo eine weit geöffnete Flügeltür hinaus auf die beeindruckende Terrasse ging, die um das ganze Loft herumführte und einen atemberaubenden Ausblick bot. Man sah das in der Sonne glitzernde Wasser des Hudson River und in einiger Distanz auch die Skyline Manhattans am Horizont. Dann bat Sontag uns, an ihrem langen Eßtisch Platz zu nehmen. Sie machte Kaffee und fragte, ob es uns störe, wenn sie rauche, setzte sich, wobei sie lässig ein Bein auf einen anderen Stuhl legte und seine

Lehne leicht kippte, zündete sich eine Zigarette an, trank ihren Kaffee und begann mit ihrem offenen Lächeln auf dem Gesicht sofort, mich alles mögliche über China und mich selbst zu fragen. Manchmal warf sie einem unvermittelt durch den Rauch hindurch einen scharfen, durchdringenden Blick zu, der in all ihrer Freundlichkeit etwas militärisch Strenges hatte. Ich fragte sie bei dieser Gelegenheit nach ihrem Besuch in China 1973 und ihren Eindruck, sie aber korrigierte mich sofort: Im Grunde stamme sie sogar aus China, denn ihre Eltern hätten sie dort gezeugt, sie sei also »Made in China«, auch wenn sie in den USA geboren sei. Sie erzählte uns von der besonderen Bedeutung, die China für sie habe, von ihrem starken China-Komplex und davon, daß sie gerne wieder nach China reisen wolle, und erwähnte, daß ihr Vater im chinesischen Tianjin gestorben sei.

Während unseres Treffens drückte sie noch einmal ihre Anerkennung für die Qualität von *Tendenzen* aus und sagte, daß *Tendenzen* als Organ für die chinesische Exilliteratur fernab der eigenen Muttersprache ihren eigenen Platz und Stellenwert als chinesische Publikation behaupte. Gleichzeitig äußerte sie ihre Besorgnis darüber, daß das ganze ja noch in den Kinderschuhen stecke und ich vorsichtig sein solle in meinem Bemühen, die Zeitschrift in China unter die Leute zu bringen.

Sie war immerzu um mich besorgt. Jedesmal, wenn ich aus China zurückkehrte, erwartete sie meinen Anruf, daß alles in Ordnung sei, und ich berichtete ihr von den wiederholten Kontrollen und der Beschattung, der ich in China ausgesetzt war. Wann immer sie sich in New York aufhielt oder ich in New York war, versuchten wir uns zu treffen. Sie schlug oft vor, in Chinatown essen zu gehen, obwohl ich eigentlich lieber zu ihr nach Hause ging, wo mich allein schon die Atmosphäre, die die Bücherregale in ihrem Arbeitszimmer verbreiteten, faszinierte. Ich konnte mich dort in die Bewunderung ihrer Bibliothek und der Gemälde vertiefen oder auf der Dachterrasse Kaffee trinken und dabei von oben auf den Hudson hinunterblicken.

Wann immer wir uns wiedersahen, achtete sie sehr genau auf meine körperliche und geistige Verfassung und zeigte sich besorgt darüber, ob die ständigen Repressalien, denen ich in China ausgesetzt war, nicht zu gefährlich seien. Aber ich versicherte ihr immer wieder, daß man in China allmählich toleranter gegenüber Andersdenkenden wie mir werde und mit der Zeit sogar die Verbreitung von Literaturzeitschriften wie unserer zu tolerieren lernen werde. Sie selbst drückte es in einem Artikel, den sie angesichts meiner Verhaftung für die *New York Times* schrieb, so aus: »Ich bin stets besorgt, wenn er mit seinen Bänden nach China zurückfährt, um sie dort in Studentenkreisen und literarischen Zirkeln in Peking und Shanghai zu verbreiten. Aber, wie stets, versicherte er mir bei unserem letzten Treffen in New York, daß die Existenz der Zeitschrift von den Behörden toleriert werde und keinerlei Gefahr für ihn bestehe ...«[19]

Ich besuchte Susan in der Regel nachmittags und saß dann mit ihr auf der langen Bank in ihrer Küche. Sie lehnte sich gegen den Tisch, während sie rauchte und dabei offen und direkt mit mir sprach. Sie kam immer wieder auf ein neues Thema und redete ohne Unterlaß. Ihre Bildung gab mir das Gefühl, ihr niemals das Wasser reichen zu können, aber umgekehrt fiel es ihr dank ihrer Bildung auch nicht schwer, meinen unausgegorenen und in unzureichendem, gebrochenem Englisch vorgetragenen abstrusen Gedankengängen zu folgen. Ich war meist derjenige, der Fragen stellte, der sie bat, mir von Dingen zu erzählen, von denen ich keine Ahnung hatte. Ich liebte es, ihr zuzuhören, wenn sie von Autoren sprach, mit denen sie vertraut war und mit denen sie sich in der Vergangenheit intensiv beschäftigt hatte, wie Walter Benjamin und Roland Barthes oder von der von uns beiden so geliebten russischen Dichtung, insbesondere von Anna Achmatowa, Marina Zwetajewa, Ossip Mandelstam, oder von ihrem engen Freund Joseph Brodsky. Natürlich sprach ich mit ihr auch

---

19 Susan Sontag, »The Crime of Carrying Ideas to China«. In: The New York Times, 9. August 2000. Dt. Übersetzung von Karin Betz.

über die Bücher, die ich von ihr gelesen hatte und fragte sie nach Details zu ihrer Inszenierung von Becketts *Warten auf Godot* in Sarajevo, inmitten der Artilleriefeuer des Bürgerkriegs.

Niemals werde ich vergessen, wie sie einen Artikel mit der Beschreibung eines Porträts von Walter Benjamin begann, eine Beschreibung, die einer Handzeichnung nahekommt: »Auf den meisten Porträtfotos geht sein Blick nach unten; mit der Rechten stützt er den Kopf. Das früheste Bild, das ich kenne, zeigt ihn im Jahr 1927 – er ist fünfunddreißig Jahre alt – mit dunklem lokkigem Haar über einer hohen Stirn, mit Bart über einer vollen Unterlippe: jugendlich, fast schön. Durch die Neigung seines Kopfes scheinen die hochgezogenen Schultern hinter seinen Ohren zu beginnen; sein Daumen ruht am Kiefer, der Rest der Hand, die Zigarette zwischen dem gekrümmten Zeige- und Mittelfinger, bedeckt sein Kinn. Der nach unten gerichtete Blick durch seine Brille – jener sanfte Tagträumerblick der Kurzsichtigen – scheint sich in der unteren linken Hälfte der Fotografie zu verlieren.«[20]

Ihre Ansichten waren eigen und unverblümt. Für mich war es sehr viel wertvoller, ihr einfach zuzuhören, als ihr Fragen zu stellen, es war einfach eine wunderbare Gelegenheit, den Ausführungen einer großartigen Schriftstellerin wie ihr lauschen zu können. Auch wenn sie selbst viele Fragen an mich hatte, über China, über Dinge, die sie besser verstehen wollte. So schreibt sie: »Als wir uns kennenlernten, wollte Bei Ling über Roland Barthes und Walter Benjamin sprechen und über meine Zeit in Sarajevo, während ich über die Perspektiven von Literatur, Film und des individuellen Ausdrucks im heutigen China sprechen wollte.«[21]

An einem jener Nachmittage faßte ich mir ein Herz und fragte sie, ob sie damit einverstanden sei, wenn wir eine ihrem Werk gewidmete Sonderausgabe von *Tendenzen* bringen würden, in

---

20 Susan Sontag, »Im Zeichen des Saturn«, zitiert nach: Susan Sontag, *Im Zeichen des Saturn*, Hanser 1981, S. 127.
21 Susan Sontag, »The Crime of Carrying Ideas to China«. In: The New York Times, 9. August 2000. Dt. Übersetzung von Karin Betz.

der wir ihr Denken und ihre Schriften vorstellen wollten. Sie erklärte sich damit einverstanden und auch damit, daß ich für diese Ausgabe ein Interview mit ihr führte. Da ich mir keinen Fehler
erlauben wollte, bat ich Susan, selbst die Auswahl der Schriften,
die wir von ihr bringen würden, zu besorgen. Entsprechend be-
ruhen beinahe sämtliche Texte in jener Ausgabe auf der Wahl,
die sie getroffen hat. Dazu gehörte das erste Kapitel aus dem damals noch unveröffentlichten Roman *In Amerika*[22], ein Auszug
aus ihren Erinnerungen an den Besuch bei Thomas Mann als jun-
ges Mädchen (*Pilgrimage*), Texte aus *Krankheit als Metapher*
und *Über Photographie*, die Erzählung *Wie wir heute leben*
und jenes berühmte Interview mit ihr aus der amerikanischen
Literaturzeitschrift *The Paris Review*.
Susan war so streng, wie sie sorgfältig war. Als ich ihr den Entwurf der Fragen für das Interview, das ich mit ihr führen wollte,
per Fax zuschickte, kam die Antwort zurück: »Diese Fragen sind
viel zu beliebig und niveaulos.« Also mußte ich noch einmal meine Hausaufgaben machen und bat einen weiteren Redakteur von
Tendenzen, den damals an der Yale University promovierenden
Yang Xiaobin, mit mir zusammen die Fragen für das Interview
vorzubereiten. Wir lasen noch einmal in ihren Werken und über-
legten uns gehaltvollere Fragen. Schließlich akzeptierte sie unsere Vorschläge, und wir trafen uns im August bei ihr zu Hause
zu einem Interview.

Ein Gespräch mit Susan Sontag

An jenem Nachmittag im August 1997 fuhr ich mit dem Zug nach
New Haven, um mich dort mit Yang Xiaobin zu treffen. Er holte
mich mit dem Auto ab, und wir fuhren gemeinsam weiter nach
New York. Wir waren spät dran und rasten über mehrere rote

22 *In Amerika* war der letzte veröffentlichte Roman von Susan Sontag,
 der mit dem Booker Prize des Jahres 2000 ausgezeichnet wurde.

Ampeln, um rechtzeitig bei Susan anzukommen. Nach zwei Stunden Fahrt hielten wir pünktlich um zwei Uhr nachmittags vor ihrem Wohnhaus. Sie erwartete uns an der Tür, machte Kaffee und plauderte drauflos. Sie wollte sich in diesem Sommer ganz ihrem Roman *In Amerika* widmen. Wie schon oft, saßen wir an dem langen Eßtisch in ihrer Küche. Ich bereitete das Aufnahmegerät vor, drückte ›record‹ und wir fingen an.

Die Qualität des Interviews verdanken wir Susans Eloquenz ebenso wie den Meinungsverschiedenheiten, die wir in einigen Punkten hatten. Die Themen, die wir ansprachen, waren weit gestreut, aber wir konzentrierten uns im wesentlichen auf eine Bandbreite von Themen, die uns beiden am Herzen lagen: die Rolle des Intellektuellen in der Geschichte, Avantgarde-Literatur und Avantgarde-Schriftsteller, die Beziehung zwischen Tradition und Innovation, die Postmoderne sowie der historische Einfluß von Faschismus, Kommunismus und Kapitalismus auf die chinesische Welt. Schließlich kam ich wiederholt auf die für mich persönlich zentralen Themen zu sprechen: ihre Arbeit, besonders im Verhältnis zu den Werken Walter Benjamins und Roland Barthes', sowie ihre Zeit an den Fronten des Bürgerkriegs in Sarajevo, worüber in jenen Tagen ausführlich berichtet wurde. Susan antwortete immer scharf und pointiert, sie hatte ein klares Konzept, und ihre Äußerungen trafen immer den Nagel auf den Kopf.

Das Gespräch kreiste stark um das Thema »Intellektuelle«, ein Thema, bei dem wir uns nicht einig waren und um die Tradition des Intellektuellen als Dissident stritten, so zum Beispiel um den Fall Václav Havels und dessen Ansichten. Sie warf mir vor, die Rolle des Intellektuellen im zwanzigsten Jahrhundert allzusehr zu beschönigen und zu idealisieren, und nannte mir unzählige Beispiele für das stupide und böswillige Fehlverhalten zahlreicher Intellektueller in der jüngeren Geschichte. Sie sagte: »Der Großteil der Intellektuellen sind Konformisten – wie die meisten Leute. Während der siebzig Jahre des Bestehens der Sowjetunion waren die meisten Intellektuellen Unterstützer des Regimes. Die Besten waren es vielleicht nicht, aber das war nur eine winzige

Minderheit. Warum sonst hätten sie einen Schriftstellerverband, einen Komponistenverband und dergleichen gehabt? Und selbst Pasternak und Schostakowitsch machten Kompromisse. Zahlreiche russische Autoren, Künstler, Theaterleute und andere Intellektuelle wurden in den 1930er Jahren, bis zum Beginn der deutschen Invasion in Rußland, ermordet. Natürlich, es gibt sie, die heroische Tradition des Intellektuellen, die sich besonders glorreich unter modernen Diktaturen hervorgetan hat. Aber man darf nicht vergessen, daß die meisten Künstler, Schriftsteller, Professoren – und, gebraucht man das Wort ›Intellektueller‹ in sowjetischem Sinn, müssen wir auch Ingenieure, Ärzte und andere akademische Berufe dazuzählen – ziemlich angepaßt waren. Ich denke, es ist viel zu schmeichelhaft, Intellektuelle automatisch mit oppositionellen Aktivitäten in Verbindung zu bringen. Intellektuelle haben im vergangenen und in diesem soeben zu Ende gehenden Jahrhundert sowohl die widerwärtigsten rassistischen, imperialistischen Ideen als auch Klassen- und Geschlechterarroganz unterstützt. Und selbst dann, wenn sie für etwas eintreten, das wir als fortschrittlich einstufen würden, kann sich diese Einschätzung in einem anderen Kontext ganz anders darstellen.«[23]

Was ich an Susan so schätzte, war ihre Art, ihren Gesprächspartner nie von oben herab zu behandeln, sie nahm mich und Yang Xiaobin als gleichberechtigte Gesprächspartner ernst, die Emphase hinter ihren Argumenten kam gerade daher, daß sie sich auf Augenhöhe an uns wandte. Susans Analyse der Rolle des Intellektuellen in der Geschichte war zweifellos harsch und unerbittlich. Doch ihr Gedankengang war immer einleuchtend, man konnte ihrer Logik folgen, und so behielt sie argumentativ immer die Oberhand; dagegen hatte ich keine Chance.

23 Aus: »Die meisten Intellektuellen sind – wie die meisten Leute – Konformisten. Eine Begegnung mit Susan Sontag.« In: *Tendenzen*, Nr. 10 (1998). Dt. Übersetzung von Karin Betz.

Es war ein Interview, das mich sehr zum Nachdenken brachte. Susans Blick war einschüchternd, die Stringenz ihrer Denkweise, die aus ihren Ideen aufscheinende Geistesstärke sind für mich bis heute unvergeßlich. Ich habe viel von ihr gelernt, von der Zungenfertigkeit dieser streitbaren Ästhetin.

Das ist der einzig gangbare Weg, der Weg der jugendlichen Fiebrigkeit, der Lauf des Lebens als Ergebnis eines ständigen Austauschs und Interagierens mit der Welt. Als ich jung war, war ich nichts weiter als ein Wortsüchtiger; erst durch exzessives Lesen wurde ich zu einem Schriftsteller und Verleger. Auch wenn es absurd klingt: Ich bin in einer Familie aufgewachsen, in der Mutter und Vater Professoren waren, in einem Universitätsviertel, aber das war zu einer Zeit, in der es keine Bücher zu lesen gab, eine Zeit der geistigen und materiellen Armut, in der Universitätsprofessoren, weil sie sich kein Klopapier leisten konnten, sich den Hintern mit den ausgelesenen Ausgaben der internen Kaderzeitung *Cankao Xiaoxi* abwischen mußten, was sie mit den offiziellen Staatszeitungen, die das Konterfei Mao Zedongs oder der Parteiführung trugen – wie die Volkszeitung *Renminribao* oder die *Beijing Ribao* –, nicht wagten. Weil es so schwer war, an Bücher heranzukommen, blieb mir, der ich wie ein Kranker unter dem Mangel an Lesestoff litt, nichts anderes übrig, als mir wie ein Verrückter jeden Fetzen beschriebenen Papiers einzeln zusammenzusuchen. Das größte Glück bestand darum im Lesen der nur für Erwachsene bestimmten *Cankao Xiaoxi*, die alles war, was ich mir stibitzen konnte. Selbst wenn die dort verbreiteten Nachrichten aus dem Ausland häufig zensiert und sogar abgeändert wurden, kamen sie doch immer noch aus dem Ausland und die Zeitung war für mich das einzige Fenster zur großen weiten Welt. In dem Alter, in dem Susan Sontag Thomas Mann besuchte, war ich in einem brachliegenden Wohnblock auf der Jagd nach vom Wind über den Boden getriebenen, als Klopapier gedachten Fetzen oder zerknüllten Seiten der *Cankao Xiaoxi*, die ich mir glattstrich und mit unvergleichlicher Gier lesend verschlang.

Aber zurück an Susans Küchentisch: Wir widmeten uns nun dem Phänomen der freien Intellektuellen außerhalb des Systems. Ich stimmte Susan in ihrer Einschätzung in hohem Maße zu: »Benjamin hielt den freischaffenden Intellektuellen überhaupt für eine aussterbende Rasse, von der kapitalistischen Gesellschaft ebenso zum Ruin getrieben wie vom revolutionären Komunismus; [...]«[24] Für mich war mein eigenes Leben als Untergrundliterat in China einerseits und Exilliterat in den USA andererseits der beste Beweis dafür. Sie stimmte mit mir darin überein, daß freie Intellektuelle außerhalb des Systems eine besondere Zähigkeit an den Tag legen müßten, denn sie seien nicht nur rar, sondern auch einsam. Erst durch die Überwindung der ihnen durch die genaue Arbeitsteilung der Welt auferlegten existentiellen Schwierigkeiten können sie außerhalb der von Gelehrten überfüllten Akademien weiter existieren, können sie wirklich an Einflußkraft gewinnen. Man konnte sich nur Rainer Maria Rilkes berühmten Vers aus seinem Gedicht *Requiem* von 1908 zu Herzen nehmen: »Wer spricht von Siegen? Übersteh'n ist alles!«
Susan gehörte mit ihrer Art, sich zu kleiden, zu sprechen, mit ihrem Geschmack und ihren Ansichten zu einer kleinen Minderheit von Schriftstellern von wirklich einzigartigem Charakter. Ich bin nicht wenigen literarischen Talenten jener Zeit – Professoren, Kulturschaffenden (von diesen sprach ich gerne als »Kulturkapitalisten«; als ich aber im Englischen die Bezeichnung *cultural capitalism* gebrauchte, provozierte ich damit bei Susan ein lautes Lachen, und sie schlug vor, ich solle das Phänomen vielleicht besser mit dem Terminus *cultural bourgeoisie* beschreiben) oder solchen, die vorgaben, welche zu sein – begegnet; darunter waren einige bedeutende Schriftsteller, voll künstlerischen Talents, die wußten, wie man eine geistreiche Unterhaltung führt; aber ihre Kleidung und ihre ästhetischen Vorlieben wollten mit alldem nicht recht übereinstimmen, und oft waren sie schlicht unerträg-

---

24 Zitiert nach: Susan Sontag, *Im Zeichen des Saturn*, Hanser 1981, S. 148.

lich vulgär. Schon in ihrer Kleidung unterschieden sie sich nicht von den Massen, waren ohne jeden individuellen Geschmack, bloße *fashion victims* der Globalisierung. Susan aber war ein Sonderfall. Es war unmöglich, sich ihrer Persönlichkeit zu entziehen, unmöglich, sie zu übersehen, ganz gleich, ob sie saß oder stand. Wenn sie auftauchte, konnte sie einem nicht entgehen, sie zog sofort die Aufmerksamkeit der Leute auf sich. Ihre Erscheinung, jede ihrer Bewegungen war wie ein Lichtstrahl, der immer zu einem Brennpunkt wurde.

Sontag und *Tendenzen*

Isoliert, moralisch und menschlich. Viele Jahre lang befand sich *Tendenzen* auf einem beschwerlichen Weg. In den Gründungsjahren der Zeitschrift, den neunziger Jahren des vergangenen Jahrhunderts, reklamierten die Vertreter einer anderen herausragenden Publikation von chinesischen Exilschriftstellern, daß eine Literaturzeitschrift rein »der Literatur« dienen solle, kritisierten hinter vorgehaltener Hand den politischen Hintergrund von *Tendenzen* und diffamierten die Zeitschrift, verweigerten sich aber einer öffentliche Debatte zu diesem Thema. Ich führte bei öffentlichen Aktivitäten zur Verteidigung von *Tendenzen* stets namhafte amerikanische und europäische Kulturzeitschriften als Beispiele an und fragte, ob diese Magazine denn keine weltpolitischen Themen behandeln würden?
Susan stimmte in diesem Punkt vollkommen mit mir überein und meinte, zu behaupten, eine Literaturzeitschrift solle sich »allein der Literatur« widmen, sei ein Betrug an sich selbst und anderen, mit dem man sich vor den tatsächlichen Fragen der modernen chinesischen Literatur, der Kultur und des Denkens drücke. Als man mich später wegen der Zeitschrift ins Gefängnis warf, verfaßte sie einen Artikel, der sich für das Konzept von *Tendenzen* einsetzte und mich und die Zeitschrift verteidigte: »Aber ja, er schreibt. Und ja, er gibt eine intellektuelle Zeitschrift

heraus. Nachdem er 1988 durch ein literarisches Austauschpro-
gramm in die Vereinigten Staaten kam – und sich zu bleiben entschloß, als Chinas aufkeimende Bewegung für Redefreiheit und
Demokratie im darauffolgenden Jahr von der Regierung brutal
beendet wurde –, gründete er 1993, zusammen mit einer Gruppe
von befreundeten Literaten, alle wie er Exilchinesen in den Drei-
ßigern, eine Zeitschrift namens *Tendenzen*. Dem Namen nach
eine vierteljährliche Publikation (bislang erschienen dreizehn
Ausgaben), wird die Zeitschrift in Cambridge redigiert, wo Bei
Ling und der Mitherausgeber Meng Lang leben, und entweder
in Hongkong oder in Taiwan gedruckt. Der Großteil der Auflage,
die zwischen 2000 und 3000 Exemplaren liegt, wird über Abon-
nements unter Sinologen und im Ausland lebenden chinesischen
Intellektuellen und Schriftstellern vertrieben; etwa eintausend
Exemplare werden nach China gebracht und dort verschenkt.
(...) Ich möchte nicht behaupten, daß Bei Ling keine politischen
Ansichten hat. Natürlich hat er die. Er steht für die Freiheit von
Rede und Meinungsäußerung in China ein. Er widmet sich mit
Leidenschaft der unabhängigen (oder ›Untergrund‹-)Kultur in
China. Ich will auch nicht behaupten, daß *Tendenzen* ein unpo-
litisches, rein literarisches Unternehmen ist. Die Autoren, die
Bei Ling und seine Kollegen drucken, sind kaum neutral zu nen-
nen, was die Themen Demokratie und Meinungsfreiheit angeht.
Sie drucken unabhängige und zensierte chinesische Autoren. Sie
haben eine Reihe von ausländischen Schriftstellern übersetzt
und Interviews mit ihnen geführt, darunter Seamus Heaney, Nadine Gordimer, Czesław Miłosz, Octavio Paz und meine eigene
Person – Frau Gordimer und ich gehören außerdem zu den Beratern der Herausgeber. Gespräche zwischen chinesischen und
›westlichen‹ Autoren sind ein wesentliches Merkmal der Zeitschrift.«[25]

25 Susan Sontag, »The Crime of Carrying Ideas to China«. In: The New
York Times, 9. August 2000. Dt. Übersetzung von Karin Betz.

Sie führte selbst Details zum Inhalt von *Tendenzen* auf: »Es gibt Essays über Intellektuelle in der Dritten Welt, chinesische Schriftstellerinnen im Ausland, die Reaktion von deutschen Intellektuellen auf den Fall der Berliner Mauer und das Problem von ›Intellektuellen in einer geschlossenen Gesellschaft‹. Bei dieser geschlossenen Gesellschaft handelt es sich natürlich um das heutige China.«[26]

In jenem Interview hatte ich sie gefragt, ob sie vorhabe, China noch einmal zu besuchen. Ihre Antwort hat mich tief bewegt: »Natürlich möchte ich noch einmal nach China reisen. Aber ich würde nicht gehen, wenn es mir nicht nützlich erschiene, nützlich für mich, intellektuell und menschlich – zum Beispiel, um etwas besser zu verstehen, was ich nicht verstehe –, und nützlich für einige Leute dort und für Chinesen im Exil. Ich bin nicht bereit, als Tourist nach China zu gehen, das würde mir unmoralisch vorkommen.«[27]

Susan stand ihr Leben lang zu ihrem Wort. Sie war loyal zu ihrer Moral, zu den Menschen, zu mir.

26 Ebd.
27 Aus: »Interview mit Susan Sontag«. Erschienen in *Tendenzen* Nr. 10 (1998). Dt. Übersetzung von Karin Betz.

6 Arrest

Wenn Literatur ein Affront für den Staat ist

Das Jahr 2000 nach dem christlichen Kalender. Ein ganz besonderes Datum. Und ein besonderes Kapitel meines Lebens.
Es war eine trockene, heiße Julinacht – eine Nacht, in der es keine Zeit zu verlieren gab. Ein Freund fuhr mich mit einer irren Geschwindigkeit in seinem Wagen quer durch die Provinz, zu einer Druckerei in den Außenbezirken Pekings.
Auf den stockdunklen Landstraßen versuchten wir per Handy, mit dem Inhaber die genaue Adresse und den richtigen Weg zur Druckerei abzustimmen. Nachdem wir uns unzählige Male im Gewirr der schwer erkennbaren Wege verfahren hatten, kamen wir schließlich doch noch am Eingang des Dorfes an, wo der Druckereiinhaber uns bereits seit einer Weile erwartete. Es war so dunkel, daß man die Hand nicht vor Augen sehen konnte. Wir ertasteten die Hände unseres Gegenübers zur Begrüßung, und ich sagte meine vorbereitete Lüge auf: »Ich bin der Herausgeber und muß, bevor das Heft in Druck geht, dringend ein paar falsch gesetzte Wörter korrigieren.«
Wir wendeten rasch den Wagen und fuhren ins Dorf hinein, wo wir vor einem Flachbau hielten. Der Setzer hatte schon lange auf uns gewartet. Er brachte uns in die Herstellung, wo wir den bereits sorgfältig auf einem riesigen Tisch zusammengesetzten Offsetfilm für die über vierhundert Standardbuchseiten der dreizehnten Ausgabe von *Tendenzen* vorfanden. Der Meister machte Licht und wollte wissen, welche Zeichen wir wo verändert haben wollten, und ich nannte ihm die Seitenzahlen und das entsprechende Wort. Es war faszinierend, ihm dabei zuzuschauen, wie er mit einer äußerst komplizierten, große Kennerschaft er-

fordernden Technik unverzüglich die genannten Seiten und Zeichen oder ganze Sätze ausmachte, herausnahm und nach meinen Angaben ersetzte. »Die Nacht ist lang und der Träume viele ...«, zitierte ich ein altes Gedicht vor mich hin. Es schien unmöglich, alles noch rechtzeitig zu ändern. Genauer gesagt: Bei dieser ganzen Aktion ging es darum, daß wir einen bestimmten Namen löschten, nämlich Wang Dan, den Namen eines der Rädelsführer der Studentenbewegung von 1989, der der Konterrevolution angeklagt war, aber schließlich ins US-amerikanische Exil fliehen konnte. Und ein Satz mußte weg: »Opposition gegen das kommunistische System«. Um es ganz genau zu sagen, mußten eigentlich nur die Zeichen *Wang* für Wang Dan und *fan* für Opposition ersetzt werden. Ich war eigentlich nicht daran interessiert, viel zu ändern, konnte aber keinen Fehler bei der Entfernung der Zeichen zulassen. Die Idee war, den Text sowenig wie möglich und auf eine Art abzuändern, daß der Leser in der Lage wäre zu erraten, welche Zeichen bewußt verändert worden waren.

Was ich in diesem Moment tat, war nichts anderes, als einem jedem chinesischen Schriftsteller und Verleger eigenen Instinkt, einem konditionierten Reflex zu folgen und der schon gar nicht mehr in Frage gestellten Praxis der Zensur beziehungsweise der Selbstzensur zu gehorchen. Der Name Wang Dans oder ein Satz wie »Opposition gegen das kommunistische System« fanden sich auch in einer im Untergrund publizierten Zeitschrift wie *Tendenzen* höchstens in den Leserbriefen, wo sie schon für genug Ärger sorgten.

So arbeiteten wir uns in der schwach beleuchteten Halle voran. Mein Freund redete in einer Ecke des Raumes auf den Inhaber der Druckerei ein, damit er nichts vom genauen Inhalt der Änderungen mitbekam. Mir stand der Schweiß auf der Stirn, während ich in der Masse des Textes Zeichen suchte wie die Nadel im Heuhaufen. Der Setzer und ich hatten die Köpfe zusammengesteckt, und er folgte im Schein der Lampe den Stellen, auf die ich mit der Spitze meines Stiftes zeigte. Ich wies ihn an, jeweils nur *Wang* zu entfernen und das nachfolgende *Dan* stehenzulassen und genauso auch nur »Opposition« zu entfernen und »Gegen das kommunistische System« unverändert zu lassen. Ich sagte: »Bitte nehmen sie diese beiden Zeichen heraus, und es ist gut.«

Der Setzer war überrascht und fragte mich mit zweifelndem Blick: »Und mit welchem Schriftzeichen soll ich sie ersetzen?«

Ich sagte: »Gar nicht, ich weiß kein passendes Zeichen, wir lassen es einfach weg.«

Der Mann war sich zweifellos des Gewichts dieser Zeichen bewußt. Versiert wie ein Chirurg schnitt er sie mit einem Messer aus den Druckvorlagen heraus. Dann nahm er mit einer Pinzette aus seinem Setzkasten zwei unbeschriftete Stücke heraus, mit denen er die im Text klaffenden Lücken füllte.

Der kleine operative Eingriff wurde mit perfekter Sorgfalt ausgeführt.

Diese Selbstzensur geschah im Interesse von *Tendenzen* – und auch in meinem ganz persönlichen Interesse.

Eigentlich war *Tendenzen* nicht als politische Publikation gedacht. Die Zeitschrift war nichts weiter als ein für eine Minderheit gedachtes Forum für Literaten. Die Worte »Konterrevolution« oder »Opposition gegen das kommunistische Regime«, so allgemein auch ihr Kontext sein mochte, tauchten in der Regel dort nicht auf.

Im März 1999 hatte ich überraschend einen Brief aus Frankreich von einem der Mitinitiatoren von *Tendenzen*, meinem alten Freund Lao Mu, erhalten. Es war ein handgeschriebener Brief, in dem er mich über die jüngsten Entwicklungen informierte und gegen ein literarisches Memorandum protestierte, in dem er als »ein geistig degenerierter Vagabund« bezeichnete wurde. Lao Mu, der in den 1980er Jahren zu den wichtigsten Köpfen in Pekings literarischen Untergrundzirkeln gehört hatte, hatte sich mit großer Entschlossenheit der Studentenbewegung von 1989 angeschlossen und war nach dem vierten Juni nach Frankreich geflohen. Es hieß, daß er aufgrund interner Cliquenkämpfe unter den Exilanten sowie einer unglücklichen Liebesgeschichte depressiv und etwas sonderbar geworden sei. Er sei ein Vagabund geworden und seit Jahren völlig von der Bildfläche verschwunden. Um so mehr freuten wir uns, als er im Sommer 2000 bei Meng Lang in Cambridge anrief. Da der nicht zu Hause war, hinterließ Lao Mu eine Nachricht auf dem Anrufbeantworter, in der er verlangte, daß sein Brief, »ohne daß auch nur ein Wort verändert würde«, in *Tendenzen* abgedruckt werde. Meng Lang und ich waren über alle Maßen erfreut darüber, endlich einmal wieder seine Stimme zu hören. Im erwähnten Brief schrieb er: »Liebe Kollegen von der Redaktion der Zeitschrift *Tendenzen*: Wie geht's? Ich bin zurück in Frankreich und habe hier erfahren, daß *Tendenzen* berichtet hat, ich habe den Verstand verloren und führe ein Vagabundendasein und dergleichen. Dabei handelt es sich um nichts als Gerüchte, und ich bitte um Richtigstellung. *Tendenzen* ist eine Literaturzeitschrift und sollte sich aus der Politik und Themen der nationalen Wiedervereinigung heraushalten.

Da wir lange keinen Kontakt mehr miteinander gehabt haben, möchte ich euch mitteilen, daß ich meine Anerkennung als Bürger der Republik China widerrufen habe, weil ich die Regierung in Taipeh als Nazi-Diktatur betrachte. Entsprechend habe ich mich von der Frontlinie des demokratischen China zurückgezogen. Ich werde mich weiterhin wie gewohnt in der Volksrepublik China in der Opposition gegen das kommunistische Regime engagieren und die Arbeit an der Etablierung einer freiheitlichen Demokratie fortsetzen.

Lao Mu, 5. März 1999.«

Die Veröffentlichung dieses Schreibens schien uns mehr als sinnvoll, um die Leute wissen zu lassen, daß Lao Mu gesund und munter war, also entschlossen wir uns, den Brief unverändert abzudrucken. Ich ergänzte den Text mit einem Gruppenfoto von Wang Dan, Liu Suli und Lao Mu, das die drei im Mai 1989 vor dem Denkmal der Volkshelden auf dem Tian'anmen-Platz zeigte. Daß ich schließlich in jener Nacht doch noch in letzter Minute eine

Selbstzensur der Zeitschrift vornahm, änderte aber am Ende
nichts an meinem Schicksal und dem Schicksal von *Tendenzen*.
Nur wenige Tage nachdem die 13. Ausgabe gedruckt worden
war und unter der Hand verbreitet wurde, begann die Pekinger
Polizei mit Überraschungsattacken, als sei sie auf der Jagd nach
Terroristen. Sämtliche Cafés, in denen *Tendenzen* auslag oder
verkauft wurde, privat betriebene Buchläden, Kulturbüros und
die Wohnungen von Freunden, in denen die Zeitschrift gelagert
wurde, wurden von der Polizei heimgesucht und das Magazin
konfisziert.

Verhaftung

Dreizehn. Man sagt ja im allgemeinen, daß das eine Unglücks-
zahl sei; für mich hat sich das bewahrheitet. Und nicht nur für
mich, der ich im Gefängnis landete, sondern für alle, die mit mir
oder mit dem Heft näher in Verbindung standen. Alle wurden
terrorisiert und gepeinigt. Mein Bruder Huang Feng wurde, weil
er den Korrespondenten der Nachrichtenagentur Associated Press
in Peking über meine Verhaftung informiert hatte, als »Kompli-
ze« verhaftet und wie ich ins Untersuchungsgefängnis Qinghe
gesteckt. Wir alle schwebten in tausend Ängsten. Nur ein paar
mutige Freunde gingen mit diesem – dem Hörensagen nach von
der Öffentlichen Sicherheitsbehörde als »größter Fall von ille-
galer Veröffentlichung einer ausländischen Publikation staats-
feindlichen Inhalts innerhalb Chinas der letzten zehn Jahre« ein-
gestuften – Fall relativ gelassen um, weniger Mutige verstreuten
sich in alle Winde und tauchten unter, manche verschwanden
gar für lange Zeit in entlegenen Provinzen. Eine Freundin, Xiao
Ai, bewahrte für mich in ihrem Designstudio in Peking einen
Karton mit Exemplaren des Heftes auf. Ihr Sohn Xiao Qiang arbeitete gerade im Studio, als plötzlich sieben, acht Zivilpolizisten
in den Raum stürmten. Da er die genauen Umstände nicht kannte, war er nicht in der Lage zu sagen, wann und von wem der Kar-

ton in das Studio gebracht worden war, und wurde kurzerhand zusammen mit einer Reihe anderer Personen mit auf die Polizeiwache genommen. Wie es im Jargon der Kommunistischen Partei heißt: Das Büro für Öffentliche Sicherheit in Peking erfüllt seine Befehle unverzüglich und gründlich. Die sogenannte »Volkspolizei« machte in Peking die komplette Auflage dieses »geistigen Gefahrguts« ausfindig.

Jene Ausgabe von *Tendenzen* war vierhundert Seiten stark, mit einer Gesamtauflage von zweitausend Exemplaren. Sie war diesmal dem irischen Dichter und späteren Literaturnobelpreislaureaten 2005, Seamus Heaney, gewidmet.

Die Entscheidung, *Tendenzen* nach China zu verlegen und in Peking drucken zu lassen, hatte ich als Chefredakteur sehr gründlich überlegt und mit der ganzen Redaktion abgestimmt. Es war keine übereilte Handlung gewesen. Zuvor war die Zeitschrift stets in Hongkong oder Taiwan gedruckt und an Universitäten, Bibliotheken, Abonnenten und Freunde verschickt worden, aber es war nicht mehr so einfach wie zuvor, sie an die Adressaten zu bringen. Die wichtigsten Autoren und Leser von *Tendenzen* saßen in China, auch der nicht bezifferbare Einfluß des Magazins war dort am stärksten, deshalb lag es mehr als nahe, seinen Erscheinungsort nach China zu verlagern, wo es zweimal pro Jahr erschien. Da ich die Redaktionskollegen nicht zu stark mit diesen Plänen belasten wollte, übernahm ich allein die Suche nach geeigneten Herstellern und Druckereien in Peking und Umgebung. Als ich alles unter Dach und Fach hatte, begannen wir mit dem Vertrieb unter anderem nach Hongkong, Taiwan, in kleineren Stückzahlen auch in China, wo das Magazin in privaten Buchläden, Cafés oder Kneipen zum Verkauf ausgelegt wurde.

Nach 1998 hatten Huang Canran und Chen Dongdong als Redakteure von *Tendenzen* aufgehört, ebenso die redaktionellen Berater Meng Lang und Yang Xiaobin. Von der neuen Redaktion der Zeitschrift, der der Künstler und Layouter Gou Hongbing, der Kunstkritiker Zhang Pingjie und die Dichter Xue Di und Jiang Hao angehörten, lebte die Hälfte in China.

Aufgrund der strengen Vorschriften für Druckerzeugnisse in China erwarteten in der Regel sämtliche Druckereien drei Garantieerklärungen, bevor sie einen Auftrag annahmen: erstens die »Einverständniserklärung zum Druck genehmigter Schriften«, ausgestellt von einem hochrangigen Organ der Landesregierung, einer Provinz oder einer regierungsunmittelbaren Stadt; zweitens eine vom Presse- und Informationsamt der Stadt oder Provinz erteilte »Druckgenehmigung« und drittens das Zertifikat eines staatlichen Verlags oder einer staatlichen Zeitschrift. Natürlich konnte ich nichts dergleichen vorweisen. Durch die Vermittlung eines Freundes wurde ich mir schließlich mit einer kleinen Druckerei in den Außenbezirken Pekings einig. In Pekings glühendheißem Sommer waren Yang Xiaobin und ich schweißüberströmt, mit dem beinahe vierzigtausend Zeichen umfassenden Manuskript der dreizehnten Ausgabe von *Tendenzen* im Gepäck, mit dem Überlandbus auf holprigen Landstraßen bis zu einem abseits gelegenen Dorf gefahren. Der Druckereibetreiber holte uns an der Bushaltestelle ab. Wir musterten einander, während wir uns zur Begrüßung die Hand reichten. Er war ein stämmiger Mann mit der typisch direkten und aufrichtigen Art der Pekinger Landbewohner. Er sah sich das von uns mitgebrachte Manuskript erst einmal an und stellte für sich fest, daß *Tendenzen* zur Kategorie »Weltliteratur« gehöre. Als er nach einem amtlichen Bestätigungsschreiben fragte, das belegen könnte, daß die Zeitschrift staatlich zertifiziert sei, präsentierte ich ihm die Beglaubigung eines in Hongkong registrierten, befreundeten Verlegers, aber er fragte zweifelnd nach: »Geht das denn, ein Zertifikat eines Hongkonger Verlags?«

Ich antwortete, bemüht, meine Worte möglichst plausibel und überzeugend klingen zu lassen: »Hongkong gehört wieder zu China, warum sollte also eine von einem Hongkonger Verlag ausgestellte Bescheinigung nicht von gleichem Nutzen sein?«

Völlig überzeugt war er nicht. Er sah sich den Inhalt der Zeitschrift an, mit dem er wenig anfangen konnte. Ich half noch ein bißchen nach, bot all meine Überredungskunst auf und machte

ihn glauben, daß es sich um ein rein literarisches Magazin handele, von dem ohnehin nur ein geringer Anteil in Peking, der
größte Teil aber in Hongkong vertrieben werde.

Tendenzen Nummer 13 ging im Juli 2000 in die Herstellung.
Da mein Handy und mein Telefon zu Hause schon seit langem vom
Staat abgehört wurden, unternahm ich alle Absprachen mit der
Druckerei immer von öffentlichen Telefonzellen aus. Ich hatte
die Druckerei damit beauftragt, die Ausgabe nach ihrer Fertig-
stellung direkt an die mit mir befreundeten Pekinger Kulturzen-
tren auszuliefern, wo sie jeweils entweder nur gelagert oder direkt verkauft wurden. So gelangte die Zeitschrift nach und nach
in die Kreise Pekinger Kulturschaffender. Und schließlich wurde
auch die Polizei auf *Tendenzen* aufmerksam. Sie begann mit In-
vestigationen über die Herkunft der Zeitschrift und hatte bald
nicht nur die Druckerei, sondern auch mich als Herausgeber ausfindig gemacht. Nun schritt sie zum Großangriff und beschlag-
nahmte systematisch alle Lieferungen an unsere Vertriebspart-
ner. Die einzigen Exemplare, die der Fahndung durch das Netz
schlüpften, waren ein paar hundert Magazine, die von zwei Freunden persönlich in ihren Wagen abgeholt und an verschiedene
Orte gebracht worden waren. Ohne Adresse und Telefonnummer war es der Polizei nicht möglich, deren Spur zu verfolgen.
Am 5. August 2000 war ich von Peking nach Shanghai gefahren,
um Bekannte zu besuchen. Am 12. August nahm ich den Zug zurück nach Peking in meine Wohnung im nördlichen Teil der He-
ping-Straße. Innerhalb dieser acht Tage hatte das Pekinger Amt
für Öffentliche Sicherheit bereits sämtliche Indizien für meine
Straftat zusammengetragen und nur darauf gewartet, daß der
Hase in die Falle gehen würde.

Es war etwas nach fünf Uhr, und es herrschte eine brütende Hit-
ze, als ich, nur mit Shorts und Unterhemd bekleidet, nach unten
zum Pförtnerhäuschen am Eingangstor meines fünfzehngeschos-
sigen Wohnhauses ging. Ich bat den Pförtner um die Abendzeitung und vertiefte mich in ihre Lektüre. Ich bemerkte nicht, wie

der Alte sich freute und sogleich einen offenbar lange verabredeten kodifizierten Anruf tat: »Ihre Lieferung ist angekommen,
sie können sie sofort abholen.« Kurz darauf erschien so ein *Pianjing*[28], der sich rasch versicherte, daß es keinen Seiten- oder Hin-
terausgang gab, und per Funk Verstärkung orderte, bevor er ins
Pförtnerhäuschen kam. Er blockierte die Eingangstür und herrschte mich an: »Sie wohnen hier? Ihre Papiere!« Da er mich nun bereits in der Pförtnerloge festgesetzt hatte, begann er auch gleich,
mir eine Frage nach der anderen zu stellen. Ich schwieg und
dachte nach, während der *Pingzegai*[29] keine Sekunde die Augen
von mir ließ – obgleich es keinerlei Anlaß zur Sorge gab, ich
machte nicht die geringsten Anstalten, mich aus der Tür zu stür-
zen und zu türmen. Eine halbe Stunde verging, bis man vor dem
Haus das Quietschen der Bremsen eines Wagens hörte. Die Straße füllte sich mit Lärm, Stimmen und Walkie-talkie-Rauschen.
Im Nu hatte eine Gruppe von Beamten in Zivil das Pförtnerhäuschen umstellt, und mir war endgültig klar, was die Stunde geschlagen hatte. Verzweiflung macht die Angst nur größer. Ich ergab mich in mein Schicksal.

»Darf ich kurz zurück in meine Wohnung, um mir etwas anzu-
ziehen?«, fragte ich den *Pianjing*.

»Nicht nötig. Kommen Sie bitte mit.« Einer der Zivilpolizisten
hatte das Wort übernommen.

»Darf ich fragen, wer Sie sind?« fragte ich.

»Das können Sie sich nicht denken? Los, mitkommen.«

Ich kam gar nicht mehr zu Wort, da hatten sie mich schon gepackt und schleppten mich wie eine Jagdbeute zum Pförtnerhäuschen hinaus. Vor dem Haus riß ich mich wutentbrannt los und
verlangte, ihre Papiere zu sehen. Die Zivilpolizisten schüchter-
ten mich mit leise hervorgestoßenen Drohungen ein und packten

---

28 *Pianjing*, einen »Halbpolizisten«, nennt man im Pekinger Dialekt
   einen nur für einen lokalen Bezirk zuständigen Wachmann.

29 Wer jemanden mit Blicken festnagelt wie einen auf einer Flasche
   festgeschraubten Deckel, nennt man in Peking einen *Pingzegai*,
   wörtlich »Flaschendeckel«.

mich erneut, um mich bis vor die Tür zu ziehen. Ich war außer mir vor Wut und wand mich los, aber sie banden meine Hände mit Gewalt an einem Gitterzaun am Straßenrand fest. Die Szene hatte die Aufmerksamkeit der Nachbarn und der Leute auf der Straße erregt, einige kamen herbeigelaufen und stellten sich den Beamten in den Weg. Ich nutzte die Gelegenheit und schrie: »Die wollen mich entführen!« Ein älterer Herr aus der Nachbarschaft schimpfte: »Was macht ihr mit dem Mann, ihr Banditen! Was fällt euch ein?« Angesichts der aufgebrachten Leute gerieten die Zivilpolizisten in Wut. Der Leiter der Aktion zog grimmig seinen Ausweis des Pekinger Amtes für Öffentliche Sicherheit aus der Tasche und fuchtelte mit dem Papier vor meinen und den Augen der Nachbarn herum. Er ließ mich los und fauchte: »Wir sind von der Öffentlichen Sicherheit und üben unsere Pflicht aus. Kommen Sie bitte mit.« Schon hatte er mich mit der Faust gepackt, zog mich mit sich fort und ließ die sprachlose Menge hinter uns zurück.

Sie steckten mich in einen riesigen Militärjeep. Ich wurde auf dem Weg von allen Seiten von Polizisten eskortiert, die mir keinen Zentimeter Bewegungsfreiheit ließen. Es ging in flotter Fahrt direkt von meinem Wohnbezirk in Richtung des etwa zwanzig Kilometer entfernt liegenden Bezirks Haidian, in die lokale Polizeiwache in der Haidian-Straße. Unterwegs zeigten sich die Beamten voller Genugtuung über ihren Fang: »Wir haben ihn. Wir haben ihn endlich erwischt«, teilten sie telefonisch ihren Vorgesetzten mit.

Für die erste Untersuchung saßen wir im groß und leer wirkenden Konferenzzimmer der Polizeistation. Die vier Zivilpolizisten, die mich festgenommen hatten, saßen mir, durch einen großen Tisch getrennt, in einer Reihe gegenüber. Einer legte ein Exemplar der Ausgabe Nr. 13 von *Tendenzen* auf den Tisch und fragte, ob ich nicht der Chefredakteur sei. Ich antwortete ruhig: »Ja. Ist das illegal?« Er antwortete nicht und sprach weiter: »Wir haben alles gründlich gelesen. Das ist eine reaktionäre Zeitschrift, die mit Literatur nichts zu tun hat. Sieben unserer Leute haben sich eine Woche lang damit herumgeschlagen. Verdammt langweiliger Scheißdreck.«

Ein anderer fragte unvermittelt: »Wie viele hast du drucken lassen? Wo?«

Ich sagte: »Das Heft liegt doch auf dem Tisch. Was sollen also die Fragen?«

»Los, raus mit der Sprache. Wo ist das gedruckt worden? Antworte gefälligst auf meine Frage.«

So ging es hin und her, bis tief in die Nacht hinein maßen wir unsere Kräfte; ohne Ergebnis. Vor meinen Augen riefen die Polizisten bei ihrem Vorgesetzten an und berichteten, ich widersetze mich und lege ein böswilliges Verhalten an den Tag und versuche, meine Straftaten zu vertuschen. Die Nacht mußte ich eingesperrt in der Garage der Polizeistation verbringen. Am nächsten Tag ging das Verhör weiter, wieder dieselben vier Männer. Diesmal wurden sie etwas vertraulicher. Ich sei ein ganz schön Gewiefter, meinten sie, ganz schön mutig, in Peking heimlich eine Zeitschrift mit reaktionärem Inhalt drucken und verbreiten zu lassen, und wollten die Adressen sämtlicher Orte wissen, an die die Zeitschrift verteilt worden war. Ich weigerte mich, die Orte zu nennen. Ich verwies auf das durch die Verfassung garantierte Recht auf Presse- und Meinungsfreiheit. Schließlich gaben sie das Verhör auf.

Block acht, Zelle eins

Es ist Nachmittag. Ich werde in einem Militärjeep abtransportiert. Auf dem Weg frage ich: »Wo werde ich hingebracht?«

»In ein Hotel«, spottet der Zivilbeamte.

Der Jeep rast eine schattige, frisch asphaltierte Autobahn durch Pekings graue Vorstädte entlang. Der Fahrer drosselt die Geschwindigkeit und fährt in einen von hohen Mauern umgebenen Komplex ein. Auf den Mauern des riesigen, schmutziggrauen Gebäudes sehe ich elektrischen Stacheldraht, auf den Wachtürmen bewaffnete Soldaten. Neben dem geöffneten Eisentor ein Schild mit der Aufschrift: Amt für Öffentliche Sicherheit der Stadt Peking, Bezirk Haidian. Qinghe-Gefängnis.

Ich habe das Gefühl, als wolle mir gleich der Kopf explodieren. Die mit elektrischem Stacheldraht versehenen Wände sehen aus wie Werke moderner Kunst. Ich werde zum Büro des Untersuchungsgefängnisses gebracht. Kaum bin ich eingetreten, reißt mir ein Wächter die Brille von der Nase. Ohne Brille bin ich so gut wie blind. Ich versuche mich zu wehren, aber der Wächter tritt mir in die Seite und brüllt: »Auf die Knie und die Hände hinter den Kopf.«

Ich ducke mich unter der Wucht seiner Hiebe und sage erschrocken zu diesem Schwein: »Schlagen Sie mich bitte nicht!« Als Antwort tritt er noch einmal so fest zu, daß ich taumele und in der Ecke auf dem Boden lande.

Der Zivilbeamte, der mich hergebracht hat, sieht einfach zu und macht sich über mich lustig: »Hast wohl wirklich gedacht, wir bringen dich in ein Hotel, was. Hier kommt nicht jeder lebend raus, der lebendig reingekommen ist.«

Völlig benommen und meine Umgebung nur schemenhaft wahrnehmend, meine ich den Gefängniswärter sagen zu hören: »Sie sind des Verbrechens der illegalen Veröffentlichung und Verbreitung einer konterrevolutionären Zeitschrift angeklagt. Sie werden hier bis zur Eröffnung des Verfahrens gegen Sie in Untersuchungshaft bleiben.«

Ich habe nichts weiter an als die Shorts und das Unterhemd, in denen ich festgenommen worden bin. Ich habe meine Brille nicht, und auch die Schuhe haben sie mir weggenommen. Barfuß und die Augen zusammenkneifend, versuche ich meine Umgebung zu erkennen, während man mich in ein Verhörzimmer bringt. Der Raum ist nur schwach erleuchtet, und ich finde mich einem wohl zwei Meter großen Hünen gegenüber, der von dem Wärter nur mit »Großer Zhang« angeredet wird. Großer Zhang bedeutet mir, mich hinzusetzen. Als er mein Zögern wahrnimmt, fügt er hinzu: »Keine Sorge, setzen Sie sich ruhig. Ich schlage keine Ge-

fangenen, denn das würde so leicht keiner überleben. Der, der
Sie gerade geschlagen hat, ist ein Neuer, der muß sich noch ein
bißchen beweisen. So geht es allen, die hier reinkommen. Ist
schließlich ein Gefängnis, das seinen Namen verdient.«
Er füllt ein paar Formulare aus, während er weiterredet: »Nennen Sie mich einfach ›Aufseher‹, das genügt. Ich habe mir bereits
Ihre Akten durchgesehen. Eine ernste Sache. Daß sie Sie her-
gebracht haben, ist kein gutes Zeichen. Seien Sie also auf der
Hut ...« Das Läuten des Telefons unterbricht ihn. Großer Zhang
nimmt ab und sagt: »Du vermißt mich wohl, du kleine Schlampe.
Warte bis heute Abend.« Er sieht mich an, während er das sagt,
vermutlich mit Absicht, und ich fühle mich peinlich berührt.
Er sieht mein Unbehagen und fragt: »Sie sind wohl zum ersten
Mal im Gefängnis? Sie werden sehen, nach einer Weile in diesem Dreckloch haben Sie sich an die rüde Sprache gewöhnt.
Ich stecke Sie in Block acht, Zelle eins. Ziemlich übler Haufen.
Ein paar Widrigkeiten werden einem verzogenen Akademiker
wie Ihnen nicht schaden.« Dann reicht er mir ein Blatt Papier
mit den Gefängnisregeln herüber und weist mich an, sie gut auswendig zu lernen. »Der Gefangene Huang Bei Ling, Block acht,
Zelle eins wünscht eine medizinische Untersuchung«, »der Gefangene Huang Bei Ling, Block acht, Zelle eins, möchte zurück
in seine Zelle« und dergleichen Sprachformeln sind dort vermerkt.
Großer Zhang begleitet mich einen langen Gang mit Gefäng-
niszellen hinunter, bis wir an einer Zellentür mit der Aufschrift
»Block acht, Zelle eins« anlangen. Er steckt den Schlüssel in
das Schloß, mit einem lauten Klicken schnappt der Bolzen auf,
und die Eisentür öffnet sich. Der Raum ist vollgepackt mit Männern, die rufen: »Guten Tag, Herr Aufseher!« Ich fühle ein Dutzend Blicke auf mir ruhen, aber alles, was ich sehen kann, ist,
wie der Aufseher mit einem mittelgroßen Gefangenen tuschelt.
Ich höre ihn sagen: »Das ist ein Neuer. Ich bringe ihn hier bei euch
unter, also macht ein bißchen Platz und kümmert euch um ihn,
wir hatten keine Zeit, ihn zu waschen. Die oben haben großes

Interesse an ihm, es ist ein besonderer Fall. Also keine Schläge, schneidet ihm auch das Haar nicht ab, und laßt ihn nach Mitternacht schlafen.« Der Gefangene sieht mich an und nickt: »Ich habe verstanden.« Das ist mein Einzug in Block acht, Zelle eins.

Die Tür fällt ins Schloß, und ich stehe wie angewurzelt da, mit leeren Händen. Einer der Insassen, ein großer, hagerer Kerl, zeigt auf mein langes, wallendes Haar und ruft: »Verdammte Scheiße. Der Typ hat Haare wie ein Mädchen.« Der mittelgroße Mann, der gerade mit dem Aufseher gesprochen hat, dreht sich um und sagt, an alle gewandt, in einem herrischen Ton: »Alle mal herhören. Keiner rührt ihn an. Wenn ihm einer ein Haar krümmt, kriegt er es mit mir zu tun.«

Ich fühle mich dankbar und erleichtert. Er ist nicht besonders groß, etwa Mitte Dreißig, knochiger Körper und ein hageres Gesicht. Obwohl er nicht sehr bedrohlich aussieht, ist der Tonfall seiner Stimme harsch und autoritär: »Kleiner, du checkst ihn ab«, brüllt er seinen nächsten Befehl.

Ein schlaksiger, hübscher Junge tritt zu mir und sagt: »Komm mit.« Er führt mich zum hinteren Teil der Zelle, wo sich Waschraum und Toilette befinden, und verlangt mit einer hohen, schrillen Stimme: »Runter mit den Shorts, die Unterhose auch.« Widerwillig ziehe ich meine Sachen aus und stehe splitternackt da.

»Zeig mir deinen Pimmel, mach schon, hoch damit.« Der kleine Bastard zeigt auf meine besten Teile.

»Hoch mit dem Ding, ich will deine Eier sehn, gib Gas, du wirst ihn ja wohl noch ein bißchen höher kriegen ... Hast du in deinem Alter noch nie deinen Schwanz benutzt?« Der Kleine klingt mehr und mehr, als sei er der Chef hier. »So, und jetzt umdrehen und den Arsch hoch.« Er beugt sich tatsächlich mit dem Gesicht bis zu meinem Hintern herunter und inspiziert ihn sorgfältig. »Verdammt, schön hochheben, so ist es gut. Mit den Händen auseinanderziehen. Du hast doch keine ansteckenden Krankheiten?« fragt er, während er sich alles genau ansieht. Ich bücke mich, so tief ich kann, und strecke mein Hinterteil nach oben, damit er sieht, daß bei mir alles in Ordnung ist. Er nimmt eine Lampe, richtet den Schein nach vorn und hinten, um sich alles genau anzusehen, dann geht er in die Hocke und quetscht meine Hoden. Mir wird ganz anders, und ich könnte vor Scham im Boden versinken, aber die anderen Häftlinge tun so, als sei das die normalste Sache der Welt.

Als der Junge genug gesehen hat, dreht er sich um und sagt: »*Laoda*, der Typ hier hat offenbar nichts.« Endlich. Der kleine Bastard reicht mir ein Stück Seife und kommandiert wieder: »Jetzt wasch dich. Zuerst den ganzen Körper, dann noch einmal ordentlich den Schwanz und den Hintern, richtig abrubbeln. Aber ordentlich, das Arschloch auch.« Ich gehorche seiner Anweisung und seife mich gründlich ein, von Kopf bis Fuß, und rubbele mich mit Seife ab. Der Junge nimmt einen Eimer Wasser und gießt es mit einem Schwung über mich. Das Wasser ist so eiskalt, daß ich bibbere. Und schon schüttet er einen weiteren Eimer über mich. »Schön noch einmal einseifen. Hier drin sind über zwanzig Männer. Wenn einer von denen wegen dir einen Tripper bekommt, hast du ausgespielt.« Es ist noch immer nicht zu Ende. »Einseifen und abrubbeln, na los«, sagt der Junge mit hochgerecktem Kinn. Und schon gießt er einen weiteren Eimer eiskaltes Wasser über mich.

Nachdem ich die Prozedur viermal durchgemacht habe, ist das Einstandsritual des »Reinwaschens« vollbracht.

Diesen Prozeß müssen alle Neuankömmlinge im Gefängnis über sich ergehen lassen, und immer ist der Junge dafür zuständig. Der Zellenchef, den alle nur *Laoda* nennen, verrät mir hinterher: »Das gehört zu den ungeschriebenen Gesetzen dieser Zelle. Jeder neue Insasse muß da durch. Denn heutzutage gibt es soviel Prostitution und außerdem ist Sommer. Wenn einer eine Geschlechtskrankheit einschleppt, steckt er sofort jeden damit an.« Da es sonst keiner machen will, muß der Junge sich darum kümmern. Er wird sonst immer von den anderen Häftlingen und den Wärtern herumschikaniert, so hat er wenigstens auch mal was zu sagen. Er ist erst siebzehn. Die meisten nennen ihn kleiner

Cai'er – so sagt man in Peking für »kleiner Pimmel« – oder einfach nur »Junge« oder »kleiner Junge«.

Er ist der jüngste von allen, sie haben ihn wegen einer Schlägerei eingelocht. Tagsüber ist er der Laufbursche für alle, ist immer nur am Katzbuckeln. Er hat ein gutes Auge, teilt das Essen aus, holt Wasser, zündet jedem die Zigaretten an, ist stets zu Diensten. Jeden Abend vor dem Schlafengehen muß er dem Chef als privater »Masseur« dienen. Ich habe dergleichen noch nie erlebt. Der Chef legt sich, nur mit der Unterhose bekleidet, auf den Rükken und hält die Augen geschlossen. Sogleich kniet der Junge neben ihm nieder und beginnt, ihn von Kopf bis Fuß zu massieren. Er beginnt beim Kopf, dann kommen das Gesicht, die Nase, die Schläfen und die Wangen an die Reihe. Dann fährt er fort bis zu den Füßen, Zehen, Fußsohlen. Nun dreht sich der Chef um, und während ein anderer ihm mit einem Fächer zufächelt, bearbeitet der Junge den Körper mit Hilfe seiner Hände und Ellbogen mit Akupressur. Die letzte und gleichzeitig widerlichste und zweideutigste Prozedur ist dann die Hodenmassage. Während der Junge eifrig reibt, erzählt er schmutzige Witze, so lange, bis der Chef eingeschlafen ist.

Die Insassen nennen es schlicht »Eierreiben«. Der Junge kniet zwischen den geöffneten Beinen des Chefs, nimmt jeweils einen Hoden in seine Hand, nicht zu fest, aber auch nicht zu lasch, reibt ihn routiniert, jeden etwa zehn Minuten lang. Es sieht aus, wie wenn alte Männer im Park in ihren Händen Qigongkugeln kreisen lassen. Früher benutzte man dafür zwei Walnüsse, und so sehen sie aus, die Hoden des *Laoda*, wie zwei alte Walnüsse. Der *Laoda* liegt da, im Halbschlaf, den Mund weit geöffnet und atmet leise. Der Junge vollführt seine Kunst, bis der Chef sich ganz entspannt hat, und fragt: »Ist es so recht?«

Später erzählt mir der Junge unter vier Augen, daß es bei dieser Massage auf den richtigen Druck der Finger ankomme, einen gleichmäßigen Wechsel zwischen fest und sanft. Wenn er zu fest zudrückt und der *Laoda* sich nicht wohl fühlt oder er ihm wehtut, versetzt der ihm einen Tritt, der ihn in die nächste Ecke befördert. Ist der Druck aber zu lasch, und er berührt nur die Haut des Hoden, wird der gewünschte Effekt, die Beruhigung des Geistes und die Stärkung des *Yang* nicht erzielt. Es brauchte viele harte Fußtritte, bis der Junge das richtige Fingerspitzengefühl entwickelt hatte, um den Chef zur vollkommenen Entspannung zu bringen und seinen ganzen Körper mit *Yang*-Energie auszufüllen. Dabei handele es sich um alte Geheimkunst, eine überlieferte Tradition zur Verlängerung der sexuellen Vitalität eines Mannes.

Wenn der *Laoda* nach zehn Minuten endlich lautstark zu schnarchen beginnt, hat der Junge Feierabend. Um dem Ganzen die Peinlichkeit zu nehmen und wenigstens ein bißchen sein Gesicht zu wahren, schneidet der Junge während der Prozedur den anderen Insassen, die ihr Lachen beherrschen müssen, Grimassen oder erzählt dem *Laoda* ein paar schlüpfrige Witze. In der Regel geht der Chef damit wohlwollend um und verzichtet darauf, den Jungen zusammenzustauchen. Diese besondere Technik wird im Gefängnis schon seit vielen Jahren praktiziert, man weiß nicht, wann und von welchem *Laoda* dieses Ritual eingeführt worden ist. Mit der Zeit findet jeder der Zellenbosse einen schwachen Zellengenossen wie diesen Jungen, der ihm zu Diensten sein muß. Es ist eine Art heimliche Tradition in den Zellen. Damit man dabei nicht entdeckt werden kann, benutzt der Chef das Bett, das hinter der Zellentür liegt, in einem toten Winkel, den die Zellenwärter nicht einsehen können.

Insgesamt hat das Qinghe-Gefängnis vierzehn Blöcke, jeder Block besteht aus zwölf Zellen, die »Nummern« genannt werden. In jeder Nummer werden etwa dreißig Insassen verwahrt, manchmal sogar bis zu vierzig. Insgesamt sind in Qinghe fünftausend Menschen inhaftiert. In den rechteckigen Zellen, die nicht mehr als zwanzig Quadratmeter groß sind, gibt es nur eine einzige, in den Boden eingelassene Toilette. Wände und Decke sind aus Beton, die Zellen etwa viereinhalb Meter hoch. Oben gibt es ein rechteckiges Fenster, durch das niemals Sonnenlicht in den unteren Teil der Zelle dringt, die Strahlen fallen nur schräg auf den oberen Teil der Wände. Schaut man nach oben, kann man durch dieses Fenster einen Blick auf ein Stück Himmel erhaschen. Immer wieder schaue ich nach oben. Die Zelle ist ein länglicher Korridor, auf der einen Seite die Wand, auf der anderen Seite eine lange Reihe von etwa fünfzehn Zentimeter hohen Plastikpritschen. Am Ende des Korridors wird die Zelle durch einen etwa fünfzehn Quadratmeter großen Bereich mit einem Betonboden mit Wasserabflußrillen begrenzt, darüber ein eckiges Waschbekken mit einem Wasserhahn für kaltes Wasser. Am tiefsten Ende befindet sich die in den Boden eingelassene Hocktoilette, die durch nichts von den Blicken der anderen abgetrennt wird. Waschen, Essen, Trinken, Scheißen, Pissen, Schlafen – alles im selben Raum.

Der Tagesablauf im Gefängnis wird von militärischem Drill bestimmt. Um sechs Uhr dreißig ist Weckruf. Dann müssen die einfachen, dünnen Militärschlafmatten so schnell wie möglich ordentlich aufgerollt und an die Wand gestellt werden. Essen gibt es zweimal täglich, um zehn Uhr dreißig und um sechzehn Uhr dreißig. Es gibt immer das gleiche, zwei große, vielleicht fünfzig Gramm schwere, gedämpfte *Mantous*, dazu Bleichsellerie oder Chinakohl mit ein paar Streifen fettigem Schweinefleisch und wäßrige scharfe Suppe. Da alles immer versalzen ist, schütte ich jedesmal kaltes Wasser dazu, um das Zeug hinunterzubekommen. Jeden Mittwoch gibt es zusätzlich ein euphemistisch als »Gourmetbonus« bezeichnetes Stück gebratenes, fettes Schweinefleisch dazu, dessen Konsistenz allerdings so widerlich ist, daß es fast niemand essen will und es zumeist im Abort landet.

Zwischen dem Aufstehen und dem Schlafengehen sind insgesamt etwa zehn Stunden »Reflexion über deine Verbrechen« vorgeschrieben. Die Insassen nennen das *zuoban*, die Bank drücken. Tatsächlich müssen alle Zelleninsassen, beide Knie mit den Armen umschlossen, den Rücken kerzengerade, auf dem Boden sitzen und nach oben in Richtung der an der Wand angeschlagenen Gefängnisordnung blicken, die jeder leise vor sich hinbeten und dabei über seine Straftat nachsinnen muß.

In diesem August beherbergt Zelle acht immer mindestens zwanzig Insassen, zuweilen sind wir fünfundzwanzig. Außer dem Zellenchef und den *Yuba*s genannten Zellentyrannen kann keiner ausgestreckt schlafen. Wir anderen, gewöhnlichen Häftlinge schlafen dicht an dicht zusammengedrängt, den Kopf neben dem Fuß des Nachbarn, ohne uns auch nur umdrehen zu können. Wenn man nachts einmal zum Pinkeln aufsteht, findet man, wenn man zurückkommt, keinen freien Platz mehr und muß versuchen, irgendwie im Sitzen Schlaf zu finden. Es ist so unerträglich heiß in diesem Gedränge, daß einige von uns dazu verdonnert werden, alle zwei Stunden im Wechsel aufzustehen, um dem *Laoda* und anderen tonangebenden Schwerkriminellen Luft zuzufächeln. In meiner ersten Nacht muß ich als »Neuer« die ganze Nacht über fächeln. Von der zweiten Nacht an werde ich in die Wechselschichten der Fächernden eingereiht, zwei Stunden Fächern, zwei Stunden Schlaf, das nennt man im Gefängnisjargon *Zhitong*, Durchgangsstraße. Wenn einer der »Bosse« bestimmt, daß auf den Betten kein Platz mehr ist, muß man auf dem blanken Boden des schmalen Korridors schlafen. Im Hochsommer steigt das Thermometer leicht auf vierzig Grad, und immer wieder werden in unserer Zelle Häftlinge ohnmächtig. Die Bettwäsche ist mit Schweiß vollgesogen, und es gibt keine Möglichkeit, sie zu trocknen. Die ganze Zelle stinkt nach fauligem Schweiß. Wenn einer der Insassen Läuse bekommt, ist der Teufel los, denn dann bekommen wir sie alle nicht mehr weg.

Der Aufseher sieht den immer wieder vorkommenden Schlägen und verbalen und körperlichen Erniedrigungen in den Zellen stillschweigend zu, er fördert sie sogar. Am schlimmsten ergeht es neu ankommenden Häftlingen, die der Vergewaltigung oder des Bordellbesuchs angeklagt werden. Ihnen wird in jedem Fall eine Tracht Prügel verpaßt. Wenn man tagtäglich Zeuge dieser Gewaltausbrüche wird, sieht man irgendwann nur noch stumm zu und zwingt sich, sich daran zu gewöhnen. An der Wand neben der Zellentür ist ein Farbfernseher installiert. Die Mithäftlinge erzählen mir, das sei einem ehemaligen Häftling des Gefängnisses zu verdanken, der später in die USA ausgewandert und ein reicher Mann geworden sei und dem Gefängnis für jede Zelle ein Fernsehgerät gespendet habe. Jeden Abend von achtzehn Uhr dreißig bis zwanzig Uhr kommen wir so in den Genuß einer sogenannten Unterhaltungszeit. Dazu müssen sich alle Häftlinge mit gekreuzten Beinen auf den Boden setzen, die Hände auf den Knien, und mit geradem Rücken die Nachrichten des staatlichen Fernsehsenders CCTV ansehen, danach darf es noch eine halbe Stunde Seifenoper oder Kostümdrama sein. Der *Laoda* überwacht dabei jedermanns Disziplin. Sobald jemand in seiner kerzengeraden Haltung nachläßt oder die Hände an die falsche Stelle geraten, ruft er: »Geradesitzen!« Die Zellen haben auch eine Überwachungskamera, mit der jeder Insasse von der Zentrale beobachtet werden kann. Wenn in einer der Zellen etwas nicht in Ordnung ist oder einer der Häftlinge es an Haltung fehlen läßt, kommen sie bisweilen vorbei, klopfen an die Zellentür und ermahnen den Zellenchef, für Disziplin zu sorgen, sofern sie nicht gleich selbst hereinkommen und Kommandos erteilen. Die Überwachungskamera ist gleich rechts oben neben dem Fernseher angebracht und zeichnet vierundzwanzig Stunden am Tag jede Regung innerhalb der Zellen auf. Nur besagten toten Winkel hinter der Eingangstür deckt sie nicht ab, weshalb der *Laoda* seine Bestrafungsaktionen an Mithäftlingen immer in dieser Ecke vornimmt.

Die dämlichen und langweiligen Seifenopern ansehen zu müssen ist für mich eine Tortur. Ich schließe die Augen allerdings nicht ganz, damit es so aussieht, als würde ich hinsehen, und versuche, in Meditation zu versinken. Manchmal gelingt mir das, und ich bete innerlich und bitte um Vergebung für meine Sünden. Allabendlich zu dieser Stunde spult mein Geist im Eiltempo mein vergangenes Leben vor meinem inneren Auge ab. Ich empfinde keinen Haß dagegen, daß ich in dieser Zelle gelandet bin, sondern suche die Erklärung dafür in meinem Lebensweg.

Herr Li

Am vierten Tag meiner Inhaftierung um 11 Uhr vormittags öffnet sich mit einem Ruck die Eisentür von Block acht, Zelle eins,
und ein Wärter ruft laut meinen Namen. Ich bin so verblüfft,
meinen eigenen Namen zu hören, daß ich nicht sofort antworte.
Der Zellenchef stößt mich an: »Los, steh auf und antworte.« Ich
stehe sofort stramm und antworte: »Huang Bei Ling aus Block
acht, Zelle eins meldet sich zum Verhör.« Ich werde in ein nicht
weiter gekennzeichnetes Zimmer geführt. Der zum Verhör bestimmte Raum ist, bis auf einen Tisch und einen Stuhl für den
Verhörführer und zwei Weinkrüge, völlig karg und leer. Ich habe
die Gepflogenheiten auf der Polizeiwache in der Haidian-Straße
noch gut im Kopf und setze mich ohne Umschweife auf einen
der Krüge.
Die Gesichtsfarbe des Verhörleiters Herrn Li, der eine dunkle
Hornbrille trägt, ändert sich schlagartig, er herrscht mich an:
»Wer hat dir erlaubt, dich zu setzen, geh gefälligst in die Hocke.«
Schon ziehen mich zwei Wärter von den Krügen hoch, drücken
mich mit Gewalt nach unten in die Hocke und zwingen mich,
den Kopf zu senken. Ich richte mich sofort wieder auf und setze
mich. Ich bin nicht bereit, mich unter solchen Bedingungen ver-
hören zu lassen. Aber man zerrt mich wieder herunter und zwingt
mich auf den Boden. »Wer war außer dir noch an der illegalen
Herstellung und Verbreitung deiner reaktionären Zeitschrift in
Peking beteiligt?« Der furchteinflößende Ton von Herrn Lis
Stimme ist derselbe geblieben.
»Das chinesische Volk hat das Recht auf freie Meinungsäußerung und die Freiheit der Veröffentlichung, so steht es in der Verfassung. Ich habe etwas publiziert, sonst nichts«, erwidere ich.
Gereizt brüllt er mich an: »Was willst du mir da erzählen, Verfassung, he? Du willst dich hier mit mir über die Verfassung unterhalten und mir weismachen, daß du von China keine Ahnung
hast. Der Staatsrat hat sehr klare und deutliche Bestimmungen

für Verlage erlassen, in denen steht, daß private Verlage nicht zulässig sind. Du bist doch verdammt noch mal in Peking aufgewachsen und willst, weil du so eine scheiß Greencard hast, den Ausländer vorschützen, stimmt's? Ich sag dir was, du bist immer noch chinesischer Staatsbürger. Ich habe schon eine Menge Greencards gesehen, hätte ich eine in der Hand, würde ich sie vor deinen Augen in Stücke reißen. Genau für solche verdammten amerikanischen Hundesöhne wie dich bin ich zuständig.«
Ich lasse mich nicht auf seine Provokation ein. »Darf ich fragen, ob die Verfassung nicht über den Bestimmungen für das Verlagswesen steht?«
»Verdammt noch mal, fängst du noch einmal davon an? Du willst mich verarschen, stimmt's? Du hast doch lange genug in China gelebt und willst mir vormachen, du wüßtest nicht, daß die Verfassung hier rein gar nichts bedeutet? Verarsch mich weiter, und ...« Li flucht wie ein Bierkutscher und macht den Eindruck, als wolle er gleich selbst die Hand heben und mir eine Lektion erteilen.
»Mir ist bekannt, daß in diesem Heft ein paar Worte vorkamen, die problematisch sind, aber ich habe sie schließlich entfernt, oder etwa nicht?« Ich versuche, zum eigentlichen Thema zurückzukommen.
»Du verdammter kleiner Betrüger, was hast du entfernt? Hast ein *Wang* rausgenommen und ein *Fan* und den Rest schön stehengelassen. Jeder Depp kapiert, was da steht, willst du mir also noch was vormachen? Mit mir Zeichenraten spielen, was? Ich sag dir, Freundchen, zusammen mit den Geschichten, die du dir schon vor Jahren geleistet hast und die nie verfolgt wurden, kannst du für den Druck und die Verbreitung von konterrevolutionären Schriften zehn Jahre kriegen.«
Für mich ist der Mann ein Stümper, und ich beschließe, den Mund zu halten. Er schimpft, mein Benehmen sei unverschämt, und wütet herum, dann gebe es eben kein Vorverhör und wir würden warten bis zur Gerichtsverhandlung und so weiter. Zuletzt gibt er mir noch eine saftige Verwünschung mit auf den

Weg: »Du Hundsfott von einem Schriftsteller, zehn Jahre, für zehn Jahre laß ich dich einlochen. Wenn du rauskommst, bist du ein weißhaariger Alter, und keine Frau will dich mehr haben.« Als ich verhaftet wurde, war ich allein, ohne Freunde oder Verwandte in der Nähe – einmal im Gefängnis gelandet zu sein war so, als ob ich mich aus der Mitte der Gesellschaft heraus in Luft aufgelöst hätte. Meine einzige Hoffnung beruht auf einer Postkarte, die ich aus dem Gefängnis heraus verschickt habe, von der ich aber nicht weiß, ob sie jemals ankommen wird. Ich frage mich immer und immer wieder, ob in der Welt da draußen meine Eltern, mein Bruder Huang Feng, meine Freunde, ausländische Medien und Menschenrechtsorganisationen von mir wissen? Ich hoffe so sehr, daß jemand meinen Fall publik macht, daß mich jemand rettet.

Spitznamen

Jeder, der neu in die Zelle kommt, bekommt vom Zellenchef und den anderen einen Spitznamen verpaßt, der meistens mit dem Geschlechtsteil des Neuen zu tun hat, das man sich ja gleich beim anfänglichen Waschritual genauer ansehen kann, manchmal aber auch mit dem Grund seiner Verhaftung oder mit einer sprachlichen Eigenart. Der Zellenchef hieß mit Nachnamen Luo, ihn aber passenderweise *Luozi* – was *Vollidiot* bedeutet – zu nennen, konnten nur wenige wagen. Für ihn blieb es einfach bei *Laoda*, *Chef*, während er selbst und seine Gang den anderen gerne neue Namen verpaßten. Da das, was die Leute im Gefängnis am meisten vermissen, Sex ist, haben die Spitznamen zumeist einen sexuellen Bezug. Es gibt derbe Namen wie das schon erwähnte *Cai'er*, *Dajiba* (Hahn), *Xiaojiao* (Schniedel), *Eryizi* (Tantchen), *Laopiao* (Freier), *Laotan* (Gierschlund), *Dajieba* (Stotterer), *Lao'er* (Zweitgeborener, in diesem Fall zweideutig, für den Rangnächsten nach dem Zellenchef wie für ein männliches Geschlechtsteil) und so geht die Reihe endlos weiter.

Da ich gerade aus den Vereinigten Staaten zurückgekehrt bin, fällt mein Spitzname nicht allzuschlimm aus, man nennt mich einfach *Laomei*, »Ami« oder »Überseechinese«. Ich weiß jedenfalls gleich, wer gemeint ist, wenn man mich so ruft.

Der Zellenchef findet den Grund meiner Einbuchtung interessant. Als er erfährt, daß ich wegen der Publikation einer Zeitschrift verhaftet worden bin, ist seine Reaktion: »Einer, der was mit Politik macht, echt stark!«

»Ich mache nichts mit Politik ...« Ich weiß nicht, ob es Sinn macht, dem *Laoda* etwas erklären zu wollen.

»Ihr Herren Wortverdreher liebt es doch, euch verdammt noch mal mit dem Gesetz anzulegen. Von wegen Literatur, ist doch alles Politik.«

Nachdem er mich so zurechtgewiesen hat, fügt er noch an: »Wer sich mit der Kommunistischen Partei anlegt, sollte seinen Kopf besser am Hosengürtel festbinden, sonst ist er ihn leicht los, oder etwa nicht?«

Ich nicke: »Stimmt. Wer was mit Literatur macht, auch.«

Der Chef freut sich, daß ich ihm zustimme und wird etwas leutseliger: »Ich habe hier drinnen schon viele kommen und gehen sehen. Kaum kommt ein Neuer, kann ich, egal, welches Verbrechen man ihm ankreidet, fast immer sofort abschätzen, zu was für einer Haftzeit der verdonnert wird. Aber mit den Politischen, da bekomme ich das nicht hin. Aber, wie auch immer. Da du gerade aus den Staaten rübergekommen bist, können die doch sicher auch was für dich tun. Da geht es dir besser als unsereins. Wenn wir verrecken, interessiert das keine Menschenseele. Ich wäre schon froh, wenn einer käme, um meine Leiche abzuholen.«

Bestialische Welt

Die Behandlung, die jedem Häftling in der Zelle zuteil wird,
orientiert sich an einer strengen pyramidalen Hierarchie. Wenn
jemand von der Familie regelmäßig Geldsendungen bekommt,
bringen es diejenigen in der Zelle durch, deren Fäuste die deut-
lichste Sprache sprechen. Wer zum unteren Ende der Pyramide
gehört, hat nichts zu lachen. An der Spitze der Hierarchie steht
der *Laoda*. Er ist der Kaiser der Zelle, bekommt zum Essen ein
Spezialmenü mit Fisch und Fleisch und vor dem Schlafengehen
seine Massage. An zweiter Stelle stehen zwei, drei Schwerkri-
minelle oder die Schlägertruppe des Chefs, die *Yuba*s. Der Unterschied zwischen dem Chef und den anderen Häftlingen ist der,
daß er ein bereits Verurteilter ist, den das Amt für Öffentliche
Sicherheit zur Aufsicht über die Ordnung in den Zellen wieder
ins Untersuchungsgefängnis geschickt hat. Er muß Tag für Tag
dem Aufseher Bericht über das Verhalten der Häftlinge erstat-
ten. Gleichzeitig ist er ein vom Gefängnis eingesetzter Spitzel, zu
dessen Truppe noch der zweite, dritte und vierte Chef, *Lao'er*,
Laosan, *Laosi*, und deren Informanten gehören. Wenn der Chef
vorhat, jemandem eine Lektion zu erteilen, muß er keinen Finger rühren. Er macht eine kleine Geste und dann erledigen das
die *Yuba*s und die Informanten für ihn.
Familien können ihren Angehörigen regelmäßig einen bestimmten Geldbetrag schicken. Allerdings wird das Geld zentral vom
Zellenchef eingesammelt, der zwar den Betrag hinter dem jeweiligen Namen in seiner Liste vermerkt, aber allein über die Nut-
zung verfügt. Nur er und die *Yuba*s entscheiden, was sie für sich
an zusätzlichem Essen und alltäglichem Bedarf einkaufen möchten, erst dann kommen auch die übrigen Zelleninsassen in den
Genuß des Geldes. Wenn eine Disziplinierungsmaßnahme ansteht,
kann der Chef eigenmächtig entscheiden, dem Zellenwärter oder
den »Disziplinierern« etwas zuzustecken, um eine bevorzugte
Behandlung für sich herauszuschlagen. Die anderen Häftlinge
können nur mit offenem Mund dabei zusehen.

Am untersten Ende der Pyramide stehen die, die von den Provinzen außerhalb Pekings in Qinghe inhaftiert werden, insbesondere wenn es sich um kleine Diebe handelt. Diese Häftlinge werden am meisten tyrannisiert und immer wieder zusammengeschlagen. Vor denjenigen, die dagegen eine schwere Straftat hinter sich haben – Mörder oder große Drogendealer, die mit Handschellen oder Fußketten eingeliefert werden –, nimmt sich sogar der Chef in acht. Sie werden in der Regel gut behandelt und er unternimmt nichts gegen sie, weil er es sich nicht erlauben kann.

Für gewöhnlich müssen die Neuzugänge zunächst wahrheitsgetreu berichten, was man ihnen anlastet. Lügen ist zwecklos. Sobald der *Laoda* in seinen Unterredungen mit dem Aufseher herausfindet, daß einer gelogen hat, wird er sofort verprügelt. Ich kann von Glück sagen, daß ich aus Peking stamme. Wäre ich jemand von außerhalb gewesen, hätte der Aufseher dem Zellenchef keinerlei Anweisungen gegeben, und es hätte für mich gleich am ersten Tag Schläge und Tritte gesetzt. Das gehört zum Drohgehabe. Ein Pekinger Sprichwort sagt: Wer am ersten Tag ordentlich die Kleider gewalkt bekommt, der macht am zweiten Tag keinen Ärger. Das ist ein Pekinger Gefängnis, hier herrscht die Härte, das Barbarische Pekings, und ist daher auch von der typischen Pekinger Art bestimmt, Fremde eher zu schikanieren als Einheimische. Das hat den einfachen Grund, daß man sich vor Racheakten nach der Entlassung fürchtet. Das Tyrannisieren der Leute von außerhalb gehört zur Gefängnisnormalität, und es ist quasi ein ungeschriebenes Gesetz, daß man als Nicht-Pekinger erst mal verprügelt wird. Wer von außerhalb kommt und noch dazu der Vergewaltigung oder des Bordellbesuchs angeklagt ist, wird auf jeden Fall brutal geschlagen und muß außerdem *en détail* von der Vergewaltigung oder dem Bordellbesuch erzählen. Und zwar wieder und wieder, die Insassen sind geradezu süchtig danach. Die Schläger wissen sich in diesen Fällen besonders gut herauszureden: »Das ist die Rache für die armen Frauen«, sagen sie grinsend. Letztlich dreht sich alles nur um Sex. Die *Yuba*s hatten ihren eigenen Jargon: »Wenn es deinem verdammten Schwanz gutgeht, dann geht es dir am ganzen Körper gut.«

Die Methoden der *Yuba*s sind brutal, sie bringen einem das Blut zum Kochen. Ich muß mit ansehen, mit welcher Bosheit sie dem kleinen Zhao, Spitzname *Dajiba*, »Großer Hahn«, zusetzen. Jeden Tag nach dem Essen, wenn wir Freizeit haben, kommt der Satz von den Schlägern: »*Dajiba*, komm mal her.« Dann ist wieder die Stunde gekommen, in der der kleine Zhao als Sandsack herhalten muß. Er muß sich ausziehen und in Unterwäsche in die Ecke unter den Fernseher stellen, die die Videokamera nicht einsehen kann.

»Steh gerade, Brust raus, lächeln!« Dann legen sie los und bearbeiten ihn zu zweit mit bloßen Fäusten und zählen noch die Schläge dabei.

Ich bin verstört, wie viele Schläge ein Mensch ertragen kann. Es ist das erste Mal, daß ich Zeuge werde, daß ein Körper so malträtiert wird, und kann nicht begreifen, daß der kleine Zhao nachher immer so wirkt, als mache es ihm gar nichts aus, und einfach mit dem Tagesgeschäft weitermacht. Dieses Bauernkind von einundzwanzig Jahren muß tagtäglich seine Brust diesen Schlägen aussetzen, und die Tyrannen lassen es nicht einmal zu, daß er seinen Schmerz zeigt. Manchmal krümmt er sich heulend am Boden, und sie verbieten ihm das Weinen und befehlen ihm zu lachen.

Zhao ist ein einfacher Kerl und eher schüchtern. Da sein Leben in der Provinz in Hebei zu hart war, kam er nach Peking, um hier Arbeit zu suchen. Er hatte Hunger und besaß wenig, also ließ er in einem Supermarkt etwas zu essen mitgehen, und so ist er in Qinghe gelandet. Er kennt in Peking keine Menschenseele, aber sein Fall ist offenbar so unwichtig, daß er schon seit drei Monaten in Untersuchungshaft sitzt und fürchtet, die Justiz habe ihn einfach vergessen.

Die Verhöre sind die einzige Gelegenheit, um mit dem Verhörleiter oder dem Aufseher über die Fälle von Gewalt in den Zellen zu sprechen. Es kommt vor, daß die Polizisten oder der Aufseher

nach einem Verhör wütend in die Zelle stürmen, sich einen der
Schläger vorknöpfen und dieser nun seinerseits von den Polizisten eine Abreibung bekommt. Sobald die aber wieder raus aus
der Zelle sind, hat derjenige, der gepetzt hat, allerdings mit dem
Schlimmsten zu rechnen.

Das Grausame an diesen Gewaltexzessen ist nicht nur, daß sie
ansteckend sind – sondern daß sie auch verheerende Auswirkun-
gen auf den haben, der ihr Zeuge wird. Anfangs habe ich ständig versucht, zu vermitteln und die Schläger zu beschwichtigen.
Dann ging es gegen mich. »Willst du sterben, oder was?« wurde
gedroht, und ich geriet wiederholt mit den *Yuba*s aneinander. Eines
Nachmittags waren zwei Tyrannen mit den Spitznamen *Lengzi*,
»Draufgänger« und *Erzi*, »Zweiter«, besonders gelangweilt, und
drückten zum Zeitvertreib brennende Zigaretten auf dem Un-
terarm des kleinen Zhao aus. Diese Hilflosigkeit. Ich ertrug es
nicht, nicht den Anblick der kleinen roten Brandwunden, die
die Zigaretten auf der Haut des Gefolterten hinterließen, und
noch weniger Zhaos Schmerzensschreie. Meine Nerven waren
gespannt wie Drahtseile. Ich schloß die Augen und wandte mich
ab. Nicht einmal die Ohren darf man sich zuhalten, auch wenn
man die Schreie nicht erträgt. Sich die Ohren zuzuhalten wird
als Affront gegen die Tyrannen erachtet, es zieht sogleich eine
Strafaktion nach sich.

Die Welt der Gefängniszelle, in der des Mordes, der gefährlichen
Körperverletzung, des Drogenhandels, des bewaffneten Raubs
oder der Vergewaltigung Verdächtige zusammengesperrt sind,
ist eine bestialische Welt. In dieser Welt wurde ich an die Gren-
zen dessen gebracht, was ein Mensch an Boshaftigkeit ertragen
kann.

Und Gewalt provoziert Gegengewalt. Irgendwann kommt der
Moment, in dem sich einer der Gepeinigten gegen seine Peini-
ger wendet. Einer der Häftlinge erzählte mir von einem solchen
Fall. Unter den Schlägen eines *Yuba*s rastete einer plötzlich völlig aus und entwickelte ungeahnte Kräfte. Er schlug wie ein Be-
sessener auf den anderen ein, biß ihn und hatte ihn innerhalb
weniger Minuten zu Tode geprügelt.

Nicht alle hier sind Bestien. Einige meiner Mithäftlinge sind im Grunde anständige Menschen, die nach einem Schicksalsschlag auf die schiefe Bahn geraten sind. Viele werden manchmal einfach für lange Zeit im Untersuchungsgefängnis »vergessen« und kommen nicht raus. Manche sind eigentlich ganz freundlich; man fragt sich, warum gerade sie in Handschellen oder Fußketten eingeliefert worden sind. Beim abendlichen Waschen müssen sie Mithäftlinge um Hilfe bitten, sie können nicht allein zur Toilette gehen und sich den Arsch abwischen, und auch beim Schlafengehen brauchen sie jemanden, der sie zudeckt.

Das Gefängnis ist auch ein Ort der intimen Geständnisse, der Solidarität unter Leidensgenossen. Diese Freundschaften sind pragmatischer Natur und langfristig nicht tragfähig. Kaum einer wird nach seiner Freilassung die Freundschaft mit einem Inhaftierten aufrecht erhalten. Das ist keine Herzlosigkeit. Es würde es einfach viel zu schwer machen, die leidvolle Erfahrung zu vergessen.

Ich habe keine Bücher, keine Zeitungen, kein einziges Stück bedrucktes Papier. Das Gefängnis ist eine geistige Ruine. Mir bleiben nichts als Tagträume, endlose Tagträume, das Versinken in der Vergangenheit, das tagelange Nachdenken über mein bisheriges Leben. Daß ich einmal einen Tag ohne zu schreiben verbringen könnte, einen Tag, ohne zu lesen, so plötzlich die Schrift verlieren würde … Dieses von jedem gedruckten Buchstaben freie Gefängnis ist die Hölle für mich. Minuten vergehen für mich wie Stunden, Stunden wie Tage, Tage wie Monate. Ich vergesse allmählich die Zeit.

Eines Mittags kommt Abhilfe. Der Chef kommt von draußen mit einem Fleischgericht zurück, das wunderbarerweise in eine Pekinger Abendzeitung von vor drei Monaten gewickelt ist. Ich kann mein Glück kaum fassen. Ich lese und lese, verschlinge begierig jedes einzelne Zeichen – so, wie der Chef seine Mahlzeit.

Dieses Gefängnis ist die Hölle für mich. Minuten vergehen für mich wie Stunden, Stunden wie Tage, Tage wie Monate. Ich vergesse allmählich die Zeit.

Weiberwäsche

Es ist der Abend des 17. August 2000 in Block acht, Zelle eins.
Nach der allabendlichen Fernsehstunde steht etwa eine Stunde
zum Waschen, Zähneputzen, für den letzten Toilettengang vor
dem Schlafengehen an. Alle warten in einer langen Reihe und
schwätzen, bis sie mit dem Waschen an der Reihe sind. Im Män-
nergefängnis gibt es das ganze Jahr über kein warmes Wasser,
die Häftlinge müssen sich wohl oder übel mit Pekings eiskaltem
Grundwasser abfinden. Sobald die Reihe an dir ist, ziehst du dich
ganz aus, und der, der an diesem Abend dafür eingeteilt ist, schüttet dir einen Eimer Wasser über, je nach Laune auch mitten ins
Gesicht. Dann seifst du dich ein, wäschst dich rundum, die Haare, die Genitalien, und darfst dich schließlich noch einmal eines
Schwungs eiskalten Wassers durch den »Eimerschwinger« er-
freuen. So sind wir alle immerhin gründlich sauber.
Einer der *Yuba*s, der für Raub mit schwerer Körperverletzung
in U-Haft sitzt, wird *Dakucha*, »Große Unterhose«, genannt. Große Unterhose spielt für sein Leben gern den Eimerschwinger. Er
genießt es mit sadistischer Freude, den aufgebracht schreienden
Männern ohne Vorwarnung eiskaltes Wasser überzuschütten.
Er ist ein Kerl wie ein Schrank, dem das Eimerschwingen fast soviel Genugtuung bereitet wie das Fäusteschwingen. Wenn es also ans allabendliche Waschen geht, meldet er sich gerne freiwil-
lig für die Arbeit des Eimerschwingers.
Ich bin der einzige in unserer Zelle, der lange Haare hat, die ich
mir anfangs nur mit Seife waschen konnte. Nach ein paar Tagen
waren sie völlig strohig und zersaust, so daß der Chef mich gnä-
dig sein Shampoo benutzen läßt. Er ist der einzige, der welches
hat.
Ich bin mit Waschen an der Reihe, stehe nackt da und habe mir
schon das Haar mit Shampoo eingeseift, als *Dakucha* mir unvor-
bereitet einen Eimer Wasser übergießt. Ich bin noch voller Seife,
aber er macht nicht weiter, sondern hört plötzlich auf und starrt
mich an: »Wenn das kein verdammtes Weib ist!« brüllt er.

Die anderen hören nur »Weib« und sind sofort zur Stelle. Alle drehen sich nach mir um und starren mich an, auch der Chef kommt näher. Ich stehe da wie ein begossener Pudel und will eigentlich nur mit dem Waschen fertig werden.

»Der sieht wirklich aus wie ein Weib! Verdammt noch eins.« Der *Erzi* genannte zweite Chef kommt näher und flucht vor sich hin. Der Chef befiehlt *Dakucha*: »Los, mach weiter. Wasch den Ami schön sauber.«

Große Unterhose schüttet noch ein paar Eimer Wasser über mich, und ich wasche mir weiter den Kopf. »Genug. Schluß jetzt«, sage ich.

Als ich mir das Wasser aus den Augen gerieben habe und den Kopf wende, sehe ich, wie sämtliche Mitinsassen, selbst die sonst freundlichen mit den Fußfesseln, mich umzingelt haben und mich anstarren, ohne den Blick von mir zu wenden.

»Gut, Schluß mit dem Abwaschen. Ami, komm mal hier rüber vor die Wand zum Trocknen.«

Es ist der Chef, der feixend die anderen auffordert, mir vor der Wand Platz zu machen und mich dort hinzudrängen. Außer ihm hat keiner von uns ein Handtuch, wir müssen uns für gewöhnlich nach dem Waschen einfach nackt an der Luft trocknen lassen.

Ich tue so, als würde es mir gar nichts ausmachen, mich vor die Wand zu stellen, und wäge die Situation ab. Ich weiß, daß in der Zelle viele sind, aber außer Blicken und übler Sprache dürfen sie mir nicht wirklich körperlich etwas anhaben. Ich denke sogar, daß ich in diesem Moment vielen anderen Häftlingen eine kurze Schonzeit vor den Launen der Tyrannen verschaffe, noch dazu haben sie das Gefühl, ihr Bedürfnis nach Sex befriedigen zu können. Es ist nur eine Ablenkung von der Langeweile der eintönigen Waschzeremonie, weiter nichts, sage ich mir. Ich lasse die *Yubas* einen Moment lang vergessen, daß sie den armen kleinen Zhao heute noch nicht vermöbelt haben, der seinen geplagten Körper ein wenig erholen kann, und *Cai'er* muß auch einmal weniger die allgemeine Aggression auf seinem Rücken ausbaden.

In meinem Rücken brechen die Mithäftlinge in ein Gebrüll aus, das jeder Beschreibung spottet: »Stimmt, er sieht verdammt noch mal wirklich so aus, seht euch die Haare an, von hinten ist das ein verdammtes Weibsbild.« »Scheiße, ich krieg einen Steifen. Hätte nicht schlecht Lust zu ficken, Mann.« Der Chef und seine Kumpanen grölen durcheinander, und mir läuft es eiskalt den Rücken hinunter. Einer ruft: »Ich kriege feuchte Träume. Scheiße, die Alte zu Hause, das ist doch eine verdammte Verschwendung.«

Von nun an bin ich jeden Tag beim Waschen den gierigen Blicken der anderen ausgesetzt. Ich habe wirklich Glück, daß ich genügend Freunde unter den Zellengenossen habe, sonst müßte ich mich wohl auf alles gefaßt machen.

Das Verhör

Das Untersuchungsgefängnis, so sagt man unter den Insassen, ist die Durchgangsstation auf dem Weg in ein richtiges Gefängnis. In einem regulären Gefängnis gibt es aber nicht so viele Gefangene pro Zelle wie im Untersuchungsgefängnis. Außerdem darf man dort ab und zu an die frische Luft und sich im Grünen die Beine vertreten. Deshalb freuten sich in der Regel alle Untersuchungshäftlinge auf ihre Verhöre – außer denen, denen von der Familie oder durch gute Beziehungen bei der Regelung ihres Falls geholfen wurde und die ohnehin keine drei bis fünf Monate auf ihre Verhandlung warten mußten. Je früher der Fall abgeschlossen war, desto früher stand das Urteil fest, und die Strafe wurde angetreten, und man kam ein bißchen früher wieder heraus aus dem Gefängnis. In meinem Fall hatte sich aber seit dem ersten Verhör am vierten Tag in Qinghe eine Weile nichts mehr getan.

Äußerlich wirkte ich gelassen und sprach nicht viel. Aber in meinem Kopf arbeitete es unentwegt, ich machte mir immer und immer wieder Vorwürfe und fühlte mich niedergeschlagen. Auf eine langwährende Haftstrafe war ich psychisch nicht vorbereitet. Ich überlegte, wie viele Exemplare der *Tendenzen* wohl am Ende beschlagnahmt worden waren, fragte mich, was mit meinen Freunden geschehen war, die für mich die Zeitschrift aufbewahrten. Ob wohl die Postkarten, die ich an Freunde, Schriftsteller und Verleger wie Tang Xiaodu geschrieben hatte, angekommen waren? Ich hatte sie gebeten, mir einen Anwalt zu besorgen. Ob sie mir helfen konnten?

Mir blieb zunächst nur viel Zeit zum Nachdenken. Immer wie-

der versank ich in Erinnerungen an die Vergangenheit, deren Kontrast zu meiner jetzigen Wirklichkeit stärker nicht sein konnte. Ich erinnerte mich daran, wie ich vor ziemlich genau einem Jahr in Prag im Präsidentenpalast mit Václav Havel gesprochen hatte, an die große Bronzestatue einer nackten Frau in seinem Arbeitszimmer, sein zurückhaltendes Lachen. Sein Gesicht war von der gerade erst überwundenen Krankheit noch ein wenig aufgedunsen gewesen, und er wirkte äußerlich träge, war aber tatsächlich hellwach und formulierte scharf und präzise. Ob er wohl wußte, daß ich im Gefängnis saß? Und ob er sich für mich einsetzen würde, um mich hier rauszuholen?
Endlich kam der Tag des Verhörs.

Am 25. August, um acht Uhr abends, alle Mann waren gerade mit dem Ausrollen der Schlafmatten, mit Waschen und den üblichen Vorbereitungen vor dem Zubettgehen beschäftigt, hörte man den Bolzen der schweren Eisentür krachen. Die Tür ging auf und ein Wärter trat ein, der wie ein Hahn krähte: »Huang Bei Ling, Block acht, Zelle eins.«
Ich schreckte auf: »Hier! Huang Bei Ling, Block acht, Zelle eins möchte verhört werden!«
Daß sie mich so spät zum Verhör holten, mußte eine besondere Bedeutung haben. Ich riß mich zusammen, wechselte einen Blick mit dem verblüfften *Laoda* und den anderen und folgte dem Wärter nach draußen.
Ein langer Korridor, die ganze lange Reihe von Zellentüren blitzte im Vorbeigehen vor meinen Augen auf. Das Zimmer, in das ich gebracht wurde, war nicht dasselbe kahle Verhörzimmer vom letzten Mal; diesmal wurde ich in ein gemütliches, großes Zimmer geführt, wohl ein besonderes Verhörzimmer oder ein Büro. Ich schaute mich um. Das Zimmer war nur schwach beleuchtet, in der Mitte stand ein großer Tisch, daneben ein beinahe bis zur Tür reichendes Sofa, so lang, daß gut und gerne zehn Personen darauf hätten sitzen können. Man bat mich, auf einem bequemen Ledersessel Platz zu nehmen. Als ich den Kopf hob, sah ich vor

mir eine Uhr an der Wand hängen, die anzeigte, daß es bereits neun Uhr abends war.

Ich hatte mich gerade hingesetzt, als sofort über mir ein Scheinwerfer anging, der direkt auf mich gerichtet war und mich blendete. Der Teil des Sofas, der näher zu mir stand, war halb beleuchtet, während der hintere Teil ganz im Dunkeln lag. Man konnte mich von dort gut von der Seite betrachten. Es vergingen einige Minuten, in denen nach und nach etwa sieben, acht Männer mittleren Alters in Zivilkleidung den Raum betraten, ruhig und schweigend, drei davon setzten sich auf den vorderen Teil des Sofas, und ich konnte sehen, wie sie mich mit strengen, überrascht wirkenden Gesichtern musterten. Die anderen setzten sich weiter nach hinten, wo ich sie nicht sehen konnte. In der Stille vor dem Beginn des Verhörs kamen einige von ihnen näher zu mir heran, um mich genauer in Augenschein zu nehmen, aber ohne ein Wort dabei zu sagen. Danach tuschelten sie leise untereinander. In der langen Stille, die mindestens zehn Minuten währte, fühlte ich mich wie ein Ausstellungsstück im Scheinwerferlicht. Verunsicherungsstrategie, keine Frage. Ich kam mir vor wie ein Beutetier, wenn es ins Visier genommen wird, in der Stille, bevor der Abzug gespannt wird.

Ein weiterer Mann betrat den Raum, etwa vierzig Jahre alt, groß und schlank, in seiner Miene lag etwas Verächtliches. Er stellte sich vor: »Mein Name ist Yu, ich bin der Abteilungsleiter des städtischen Büros für Öffentliche Sicherheit und zuständig für Ihren Fall. Wie Sie sehen, sind heute Abend sämtliche leitenden Vertreter unseres Amtes hier. Die Sache ist ernst, man ist besorgt. Also, was Ihren Fall angeht . . .«

Er zögerte einen Moment und fixierte mich, bevor er fortfuhr: »Wie soll ich sagen, wir ringen schon seit Jahren damit. Es haben sich heute abend viele der Anwesenden eigens Zeit genommen, um sich ein Bild davon zu machen, was für ein Mensch Sie sind, und um Sie zu retten.«

Dann schloß er unvermittelt noch den Satz an: »Bei der Schwere Ihres Falles ist mit einer Verurteilung zu mindestens zehn Jahren zu rechnen.«

»Wie bitte? Zehn Jahre? Ich?« entschlüpfte es mir.

Abteilungsleiter Yu sah mich mit seinen Adleraugen an: »Daß die Abteilungs- und Bereichsleiter heute so spät noch hierhergekommen sind, liegt daran, daß wir der Meinung sind, Sie gegebenenfalls noch vor diesem Urteil bewahren zu können. Wir wissen ja, daß Sie im Grunde ein großer Patriot sind. Es scheint, als ob die Bezahlung in Harvard nicht besonders gut ist, nicht wahr? Das ist mir bekannt. Uns ist auch bekannt, daß Sie im Ausland gute Freunde haben. Wir wollen nicht, daß sie zehn Jahre einsitzen müssen, deshalb haben wir uns nach Dienstschluß extra zusammengesetzt, um über Ihren Fall zu beratschlagen. Wie gesagt, wir wissen, Sie lieben Ihr Vaterland. Es liegt an Ihnen, sich zu entscheiden. Sie müssen nichts weiter tun, als unser guter Freund zu werden. Über die zehn Jahre läßt sich verhandeln.«

»Das ist Ihre letzte Chance.« Der neben Yu sitzende Herr Li, der das Vorverhör mit mir geführt hatte, schaltete sich ein, um dessen Worten Nachdruck zu verleihen.

Abteilungsleiter Yu war die ganze Zeit über sehr höflich geblieben, nur in der Art wie er »zehn Jahre Haft« sagte, lag etwas Besonderes. Mir war klar, daß man offenbar bis zum nächsten Tag zu einer Entscheidung kommen mußte. Anscheinend handelte es sich bei ihm um jemanden von der Staatssicherheit, der sich schon viele Jahre Erfahrung im Umgang mit Dissidenten erworben hatte. Er leitete das Verhör die ganze Nacht über, nur ab und zu mischte sich einer der hohen Funktionäre mit einer Bemerkung ein. Einer der Funktionäre fixierte mich unentwegt mit seinem kühlen, durchdringenden Blick, als wäre der Strahl einer Taschenlampe auf mich gerichtet. Der Blick dieses Mannes hat sich für immer in mein Gedächtnis eingegraben, wo er auch jetzt, viele Jahre später noch, liegt wie ein Negativ der Erinnerung.

Je später es wurde, desto gruseliger und heimtückischer wurde die Atmosphäre im Raum.

»Ich bin nicht einverstanden, und ich werde auch keine Strafe von zehn Jahren akzeptieren. Ich habe in Peking Zeitschriften druk-

ken lassen, das mag vielleicht gegen die vom Staatsrat aufgestell-
ten *Temporären Bestimmungen zum Pressewesen* verstoßen, in
der Verfassung wird aber jedem Bürger das Recht auf Meinungs-
und Pressefreiheit garantiert. Auf der Grundlage welchen Rechts
wollen Sie mich zu zehn Jahren Haft verurteilen?«
Abteilungsleiter Yu überging meinen Einwand und wollte von
meinem besonderen Status reden: »Daß wir Sie als guten Freund
gewinnen wollen, liegt daran, daß wir Sie schätzen. In Hinblick
darauf, daß Sie in den Vereinigten Staaten und in anderen Ländern hochrangige Freunde haben und außerdem als Research
Fellow am Fairbank Center der Harvard Universität tätig sind,
versteht es sich von selbst, daß wir Sie als hochrangigen Freund
betrachten.«
»Was soll das heißen, ›hochrangiger Freund‹? Seit wann gibt es
bei Freunden Rangunterschiede?« wandte ich ein. »Sie wollen
mich als Verbindungsmann gewinnen, ist es das?«
»Das nennt man nicht Verbindungsmann. Alles, was wir wollen,
ist, Sie als hochrangigen Freund zu gewinnen, und das heißt auch
›hochrangiger Freund‹ und nicht anders. Wir observieren Sie seit
vielen Jahren. Sie sind ein wahrer Patriot, das rührt uns. Wir sind
stolz darauf, daß sie als Research Fellow in Harvard sind. Da Sie
Ihr Land so lieben, könnten Sie mehr Kontakt mit uns halten und
uns etwas erzählen über die Dinge, die sie vor Ort hören oder sehen. Das würde uns vollkommen genügen. Falls Sie bereits sind,
mit uns zu kooperieren, würden Sie uns sehr damit helfen.«
Es sah so aus, als verbinde Abteilungsleiter Yu mit unserem Gespräch große Hoffnungen.
Ich erwachte allmählich aus der Geistesstarre, in die mich die
Drohung ›zehn Jahre Haft‹ versetzt hatte und begann wieder zu
denken. Langsam und dezidiert sagte ich: »Ich verlange, einen
Anwalt zu sprechen. Ich möchte mit meiner Familie telefonieren
und sie darüber informieren, daß ich hier festgehalten werde.«
»Was wir von Ihnen erwarten, ist wirklich nichts Besonderes.
Gesetzt den Fall, daß Sie in die USA zurückkehren … Alles, was
wir sagen, ist, daß wir ihnen helfen könnten, Ihr Strafmaß zu ver-

ringern. Sie müssen nichts weiter tun, als sich gelegentlich mit uns über die amerikanischen und europäischen Freunde in Ihrem Umfeld auszutauschen, das ist alles. Wenn Sie in Schwierigkeiten geraten, wenn Sie finanzielle Unterstützung benötigen, seien sie unbesorgt. Für gewöhnlich rufen wir Sie alle zehn Tage oder zwei Wochen einmal an, Sie erzählen uns von Ihrer Situation und davon, was es sonst zu berichten gibt, und wir unterstützen Sie, denn wir brauchen solche hochrangigen Freunde wie Sie. Es geht um Ihre Beziehungen in Harvard, um Ihre internationalen Kontakte ...« Abteilungsleiter Yu redete und redete. Dann schwieg er.

Ich sagte: »Alles, was ich im Ausland mache, ist öffentlich, die Forschergruppe am Fairbank Center ist öffentlich – es steht Ihnen frei, jemanden dorthin zu entsenden, der sich umhört. Wenn Sie etwas wissen wollen, dann kann ich es Ihnen jetzt sagen.«

Herr Li, dieser üble Bursche, der mich neulich verhört hatte, konnte bei meinen Worten nicht an sich halten und fuhr dazwischen: »Sie sollten wissen, daß dieses Aufgebot an hochrangigen Persönlichkeiten heute eine besondere Ehre für Sie ist, Sie sind schließlich ein Verbrecher, der zu zehn Jahren Haft verurteilt werden soll. Die Herren haben eine hohe Meinung von Ihnen und sind gekommen, um zu sehen, ob man Ihnen helfen kann.«

Abteilungsleiter Yu verließ zwischendurch kurz das Zimmer und kam zurück. Auch die anderen Herren kamen und gingen, wohl um vor der Tür die Strategie abzusprechen.

Ich war schon etwas in der Welt herumgekommen und hatte einiges erlebt. Also zwang ich mich, Ruhe zu bewahren. Seit man mich in dieses Zimmer geführt hatte, war mir klar, daß es sich hier um einen außergewöhnlichen Vorgang handelte. Die ganze Atmosphäre war extrem angespannt. Nachdem Herr Yu und die anderen Funktionäre den Raum verlassen hatten, war ich dort für kurze Zeit mit dem üblen Li und dem Wärter allein.

Nach kurzer Zeit traten sie wieder ein. Sie hatten sich offenbar darauf verständigt, ihre Strategie zu ändern, und drückten mir einen Stift und Papier in die Hand. Sie forderten mich auf, meine Sichtweise der Angelegenheit und alles, was ich über den »Tathergang« wußte, aufzuschreiben. Das war das erste Mal seit meiner Festnahme, daß ich einen Stift in der Hand hielt. Ich schrieb also, was mir einfiel, eine Verteidigung meiner Veröffentlichung von *Tendenzen*.

Als sie mich fleißig schreiben sahen, schienen sie anzunehmen, ich hätte ihren Vorschlag akzeptiert. Nach einer halben Stunde nahmen sie meinen Bericht an sich und gingen damit allesamt vor die Tür. Kurz darauf stürzte der üble Li wieder herein, trat vor mich und zerriß vor meinen Augen meine Niederschrift. Wütend blaffte er mich an: »Wir hohen Funktionäre haben die besten Absichten und nehmen uns Zeit, mit dir zu reden, und du, du machst dich über uns lustig!«

Er wurde hysterisch: »In diesem Scheiß, den du da schreibst, steht kein Wort der Reue, alles, was du eingestehst, ist, daß dein Verhalten gegen die temporären Regeln zum Pressewesen verstoßen hat. Du suchst wohl den Tod, was? Es sind heute eine ganze Reihe wichtiger Persönlichkeiten hier, um mit dir zu verhandeln. Dir ist wohl nicht klar, daß das deine letzte Chance ist?«

Er fuhr fort: »Schreib jetzt. Ich diktiere, und du schreibst, was ich sage: Der Verbrecher Huang Bei Ling gesteht seine Taten ohne Vorbehalt ein. Er stimmt zu, in der Zukunft dem ... ein hochrangiger Freund zu sein ... und mit uns ... und den mit uns zusammenarbeitenden Stellen ... zu arbeiten. Und zuletzt unterschreibst du: Der Verbrecher Huang Bei Ling.«

»Ich bin kein Verbrecher, ich werde kein Wort von dem schreiben, was Sie verlangen«, sagte ich.

Mir war bewußt, was diese Weigerung bedeutete. Das war ein schwerwiegender Moment. Die Zeit schien stillzustehen. Im Raum war es totenstill, nur das Ticken der Uhr war zu hören. Diejenigen Funktionäre, die mir am nächsten saßen, starrten mich an, sagten aber kein Wort.

Abteilungsleiter Yu unterbrach die Stille: »Wenn schon nicht um Ihrer selbst willen, dann sollten Sie um Ihres kleinen Bruders willen handeln. Auch er ist hier in Untersuchungshaft.«

»Wie bitte?« Ich schrak auf. »Sie haben Huang Feng auch eingesperrt?« Ich sprang mit einem Satz von meinem Stuhl auf und
konnte meine Wut kaum zähmen: »Sie ... Sie haben wohl kein
Gefühl von Anstand im Leib. Mein Fall geht nur mich etwas an.
Huang Feng war zu keinem Zeitpunkt in die Sache verwickelt,
wie können Sie ihn festnehmen? Aus welchem Grund? Sie müssen ihn freilassen. Sperren Sie mich meinetwegen ein, zehn Jahre, hundert Jahre, machen Sie, was Sie wollen ...«
Ich kochte vor Wut, die Worte sprudelten unzusammenhängend
aus mir heraus. Noch bevor ich ausgeredet hatte, sprangen die
beiden Wärter herbei und flankierten mich rechts und links. Die
weiter hinten sitzenden Funktionäre hatten sich erhoben. Abteilungsleiter Yu verlor über meinem Wutausbruch seine bisheri-
ge Ruhe. Er schlug mit der flachen Hand auf den Tisch und wies
mich zurecht: »Seien Sie nicht so ungezügelt. Ihr Bruder hat,
noch bevor wir Ihre Wohnung durchsuchen konnten, Ihre Sachen daraus entfernt und sich bis zum heutigen Tag geweigert,
uns die Beweismaterialien auszuhändigen. Außerdem hat er nach
Ihrer Festnahme ausländische Medien informiert und großen Ärger verursacht. Aufgrund dieser Umstände können wir ihn zu
einer Haftstrafe verurteilen. Ich sage Ihnen, das Schicksal Ihres
Bruders ist in Ihrer Hand.«
Ich kann mich nicht mehr genau daran erinnern, wie ich dieses Verhör schließlich überstanden habe. Mein Kopf war voller
Wut, ich wollte einfach aufstehen und gehen. Daran wurde ich
aber von den beiden Wärtern gehindert, die mich wieder in
den Sessel drückten. Das Verhör war zum Stillstand gekommen,
allmählich beruhigte ich mich. Meine Gedanken kreisten in einem fort um den Umstand, daß Huang Feng meinetwegen in
Haft genommen worden war.
Herr Yu und seinesgleichen hatten offensichtlich keine Vorstellung davon, wie sehr mich die Verhaftung meines Bruders innerlich aufwühlte. Ich fühlte nichts als Verachtung und Haß für die
Bösartigkeit der Öffentlichen Sicherheit. Sie hatten damit entgegen Ihrer Absicht nur erreicht, sich meines vollkommenen Widerstands gegen sie versichert zu haben.

Gegen vier Uhr morgens sah man sich gezwungen, das Verhör für beendet zu erklären. Es war noch dunkel, als ich aus dem Verhörzimmer geführt wurde. Bevor wir den Weg in Richtung meiner Zelle einschlugen, trat noch einmal der Funktionär, dessen kühler Blick mich schon während des Verhörs bedrängt hatte, zu mir hin. Zähneknirschend sagte er langsam und deutlich zu mir: »Wir sind sehr, sehr enttäuscht über Ihr heutiges Verhalten. Die zehn Jahre Haft sind Ihnen sicher.«

Er drehte sich um und verschwand in der Dunkelheit.

Seine Worte trafen mich wie ein Faustschlag, der mich zum Taumeln brachte. Die Füße schwer wie Blei und völlig frustriert, schleppte ich mich in meine Zelle. Zehn Jahre, bevor ich meine Freiheit wieder haben sollte, das konnte doch alles nicht wahr sein, das hatte ich nur geträumt. Was wußte ich, was meine Ablehnung, ein »hochrangiger Freund« zu werden, für mich bedeutete?

Beim Geräusch der sich bei Tagesanbruch öffnenden schweren Zellentür wachten einige der Zellengenossen auf. Daß ein Verhör die ganze Nacht andauerte, war ziemlich ungewöhnlich, und der *Laoda* sah mich mit einem bedeutungsvollen Gesichtsausdruck an, als wüßte er Bescheid. Die aus dem Schlaf Gerissenen musterten mich stumm, während ich mir kraftlos ein Plätzchen auf den überfüllten Pritschen suchte. Ich fand keinen Schlaf.

Durch das Oberlicht fiel langsam das Morgenlicht in die Zelle. Benommen starrte ich nach oben, auf den stärker werdenden Lichtstrahl an der Wand. In meinem Kopf wiederholte sich immer wieder das Wortpaar »zehn Jahre, Freiheit. Zehn Jahre, Freiheit.«

Zehn Jahre. Würde ich wirklich zehn Jahre absitzen müssen? Ich kam um vor Müdigkeit, dieses Verhör saß mir in den Knochen. In meinem Kopf machte sich eine ungeheure Verzweiflung breit. Um sechs Uhr dreißig standen die Häftlinge unter den Weckrufen des Zellenchefs auf. Am Vormittag um kurz nach zehn saß ich apathisch und hundemüde mit den anderen wie üblich zur »Reflexion« auf dem Zellenboden, als die Tür aufging. Ein Ge-

fängniswärter stand im Türrahmen und rief: »Huang Bei Ling,
Block acht, Zelle eins ist auf Kaution bis zur Verhandlung freigelassen. Sachen zusammenpacken, fertigmachen zum Verlassen
der Haftanstalt.« Ich war völlig perplex, und meine Zellengenossen waren es auch. Innerhalb weniger Stunden ein Wechsel
von der Androhung von zehn Jahren Haft zu einer Freilassung
auf Kaution, es wollte mir nicht in den Kopf, was geschehen
war. Ich vermochte nicht sofort zu antworten. Ich spürte die
neidvollen Blicke der anderen auf mir. Der Chef war ganz außer
sich, er zog mich nach vorn und sagte: »Ami, vergiß deine Brüder in der Zelle nicht, denk dran, vergiß uns nicht! Ich hab noch
mehr als drei Jahre vor mir, wenn ich rauskomme, können wir
zusammen ins Geschäft kommen, wir machen einen Laden auf.
Du hast doch deine Greencard, da registrieren wir ein ausländisches Unternehmen und scheffeln ordentlich Geld.«
Er rief den Jungen zu sich und ließ sich einen Stift bringen: »Ich
gebe dir die Adresse meiner Familie im Bezirk Xuanzhan. Meine
Frau und meine Kinder warten da auf mich.«
Der *Laoda* malte die Adresse und die Telefonnummer seiner Familie sorgfältig Zeichen für Zeichen auf die Innenseite meiner
Shorts. »Ami, vergiß die Freundschaft zu deinen Zellenbrüdern
nicht. Das erste, was du machst, wenn du draußen bist: Ruf meine Frau an und sag ihr, daß du mein Zellengenosse warst und
daß es mir gutgeht, sie soll sich keine Sorgen machen. Und Geld
braucht sie auch keins zu schicken, ich hab genug.«
Bevor ich ging, schüttelten mir meine Mitinsassen alle aufgeregt
die Hand. Von rechts und links tönte es: »Mensch, Ami, ich hab
es gleich gewußt, als du hier reinkamst, daß du ein besonderer
Fall bist und bald wieder rauskommst.« Nun wollten sie mir alle
die Telefonnummern ihrer Familien geben, die Innenseiten meiner Shorts und meines Unterhemds wurden von oben bis unten vollgeschrieben und ich stand geduldig in der Unterhose da
und wartete, bis sie fertig waren und ich mich anziehen konnte.
Der Finanzbuchhalter der Firma Peking Qingyun Instruments,
den alle nur *Laotan*, »Gierschlund«, nannten, war der freundlich-

ste Mitinsasse in meiner Zelle. Er sah mich nur bewundernd
an, während die anderen sich gegenseitig darin überboten, mir
das Versprechen abzunehmen, unbedingt ihre Familien über ihre
Lage zu informieren. Als ich Block acht, Zelle eins verließ, trug
ich ein Unterhemd und eine Shorts voller Adressen und Telefonnummern. Sie beschworen mich, diese bloß nicht zu waschen,
bevor ich nicht sofort nach meiner Entlassung die Anrufe getätigt hatte. Ich war zu einer Art Hoffnungsträger geworden, die
einzige Verbindung zwischen ihnen und der Außenwelt. Bei der
Routinekontrolle beim Verlassen des Gefängnisses wurden die
Innenseiten der Unterwäsche nicht kontrolliert.

Ein Tag im Gefängnis ist wie ein ganzes Leben. Die dort von
überall her zusammengewürfelten Menschen, solange sie nicht
zu den übelsten Piesackern der anderen gehören, schwören sich
ewige Verbundenheit und daß sie nach ihrer Entlassung draußen in der Welt für immer wie Brüder auf Gedeih und Verderb
füreinander einstehen würden.

Auch Jahre später, wenn ich an die Nacht meines Verhörs zu-
rückdachte, schauderte ich immer noch vor Angst. Die Staatssicherheit wollte mich mit ihren Drohungen mürbe machen und
betrieb mit der im Raum stehenden Androhung von zehn Jahren
Haft psychologische Kriegsführung. Dieses Anstrahlen meines
Gesichts mit dem Scheinwerfer, um meine Mimik besser ablesen
zu können, um zu sehen, was für ein Typ Mensch ich bin, während sie sich selbst im Halbdunkel verborgen hielten. Erst nach
meiner Entlassung begriff ich, warum ich in jener Nacht so plötzlich verhört worden war. Die Regierung hatte nämlich in Wirklichkeit längst entschieden, mich freizulassen, es wäre ohnehin
meine letzte Nacht in Qinghe gewesen. Sie wollten sich wohl einmal ansehen, wer das war, dessen Freilassung der US-amerikanische Botschafter in Peking täglich auf einer Pressekonferenz
forderte. Sie hatten wohl ursprünglich angenommen, sie hätten
irgendeinen Underdog verhaftet, einen gewöhnlichen Mann aus
dem Volk, was niemanden weiter stören würde. Und sie versuchten, in jener Nacht mit ihren Drohungen aus mir noch schnell

einen Verbindungsmann zu machen, einen hochrangigen Freund mit »hochrangigen Freunden auf der ganzen Welt«.

Später habe ich mich gefragt: Wenn dieses Verhör nicht nur eine Nacht, sondern eine weitere Nacht gedauert hätte, vielleicht sogar drei oder vier Nächte und die Staatssicherheit sich Zeit genommen hätte, ihren Psychoterror gegen mich stärker auszuspielen, mir deutlich zu machen, was mir bevorstehe, und das Schreckensbild der Unfreiheit und des »alten Mannes mit weißem Haar«, der ich nach meiner Haft sein würde, weiter ausgemalt hätte – ob ich standhaft geblieben wäre? Angenommen, ich hätte unter dem Druck ihrer Drohungen einen Status als »hochrangiger Freund« akzeptiert und wäre danach zurück in die USA geschickt worden. Wäre ich dann frei gewesen?

Ich kann von Glück sagen, daß ich nur diese eine Nacht ertragen mußte. Ich weiß nicht, ob ich standhaft geblieben wäre. Ich muß an ein paar Zeilen aus dem Gedicht *Interrogation* des britischen Dichters Edwin Muir denken, das Seamus Heaney in *Tendenzen* Nummer 13 zitiert:

Wir sind am Rande des Erträglichen,
Gleich halten wir es nicht mehr aus,
Doch das Verhör geht immer noch weiter.[30]

Freilassung und Hausarrest

Das Gericht ließ vorläufig keine Anfechtung zu. An jenem Vormittag, an dem ich auf Kaution bis zur Verhandlung entlassen wurde, wurde ich der Gefängnispraxis gemäß durchsucht, dann wurden im Büro die Formalitäten der Kautionsregelung erledigt. Danach wurde ich in das Aufbewahrungszimmer für die persönlichen Gegenstände, die den Insassen bei ihrer Einlieferung abgenommen werden, geschickt, um dort meine Sachen zu suchen.

30 Dt. Übersetzung von Karin Betz.

Als ich gerade mit gebeugtem Kopf nach meinen Schuhen Ausschau hielt, stieß ich mit einem anderen Kopf zusammen. »Huang Feng!« Mein Bruder rief überrascht aus: »Großer Bruder!«
Wir umarmten uns und wechselten rasch ein paar Worte, bevor
die Wärter uns aus der Verwahrkammer hinausdrängten.

In der Nacht nach meiner Verhaftung war Huang Feng zusammen
mit einem französischen Freund in meine Wohnung gegangen,
um einige Sachen von mir zu holen, die sie dann bei einem australischen Freund lagerten. Am Folgetag rief Huang das Büro des Korrespondenten der Nachrichtenagentur Associated Press (AP) an,
um ihn über meine Festnahme zu informieren. Ich war bereits
sieben Tage lang in Untersuchungshaft gewesen, als die Pekinger
Sicherheitspolizei sich meinen Bruder, der gerade mit dem Fahrrad unterwegs war, auf offener Straße schnappte und wegen »Un-
terschlagung von Beweismaterial und Weitergabe von Geheim-
nissen an ausländische Medien« ebenfalls nach Qinghe brachte.

Ich hielt die Plastiktüte mit meinen Sachen in der Hand. Es war
nichts weiter darin als meine Brille und eine Zehn-Yuan-Bank-
note. Ich konnte es kaum abwarten, endlich meine Brille wieder aufsetzen zu können, augenblicklich verschwand der Schlei-
er vor meinen Augen, und ich konnte wieder klar sehen. Ich war
während der Haft fast blind gewesen, ging unsicheren Schrit-
tes und stieß ständig an. Wieder und wieder hatte ich gebeten,
mir doch bitte meine Brille wiederzugeben, aber der Aufseher verweigerte mir die Bitte mit der Begründung, das sei Teil der Gefängnisregeln. Eine Brille könne als Waffe eingesetzt werden, und
deshalb seien Brillen im Gefängnis nicht erlaubt.

Die Herbstsonne brannte herunter, ich war durch den starken
Kontrast zwischen der permanenten Dunkelheit in unseren Zellen von der Helligkeit im Freien völlig geblendet. Es war der
25. August 2000 kurz nach elf Uhr vormittags, als ich aus dem
Untersuchungsgefängnis trat. Die Kraft der Sonnenstrahlen machte mich ganz benommen, ich hatte nicht schlecht Lust, mich einfach an Ort und Stelle hinzulegen und von der Sonne bescheinen
zu lassen. Huang Feng und ich gingen hintereinander, eskortiert

von Gefängniswärtern, zum Tor hinaus. Mein Bruder berichtete mir in aller Kürze, was sich nach meiner Festnahme zugetragen hatte. Vor dem Tor wartete ein Taxi, und daneben erwarteten uns unsere Eltern. Ich wußte nicht, ob ich lachen oder weinen sollte, und kaum hatte ich einige Sätze mit ihnen gewechselt, wurde ich auch schon von einem Zivilpolizisten in einen ebenfalls vor dem Tor wartenden Jeep genötigt. Huang Feng stand aufgebracht daneben. Erst jetzt sah ich, daß er barfuß war. Er fragte: »Ist er denn nicht auf Kaution freigelassen? Wo wollt ihr mit ihm hin?« Ich versuchte mich zu weigern, in den Jeep zu steigen, sah aber schnell ein, daß es zwecklos war. Das Schicksal wollte mich wohl noch etwas länger in den Fängen des Staates belassen.

Der Jeep fuhr zunächst um einige Kurven, bis er schließlich die Landstraße entlangraste. Ich versuchte, die Orientierung zu gewinnen, um herauszufinden, wohin wir unterwegs waren, aber die Fahrt dauerte ohnehin nicht lange. Nach zwanzig Minuten fuhren wir in den Bezirk Xiangshan im Westen Pekings ein, und mir fiel das breite Schild mit der Aufschrift »Sanatorium des Büros für Öffentliche Sicherheit der Stadt Peking« ins Auge. Das Tor öffnete sich, und wir fuhren hinein. Hinter dem unscheinbaren Tor eröffnete sich eine völlig andere Welt. Vor meinen Augen tanzten eine Reihe kleiner, zweigeschossiger, freistehender Gebäude, eines neben dem anderen, die in ihrer Abgeschiedenheit mysteriös wirkten, ein nahezu utopischer Ort. Und offenbar ein Ort, an dem man jemanden für eine ganze Weile gut verwahren konnte. Der Zivilpolizist brachte mich nach oben in ein Apartment und ließ mich eintreten. Er forderte mich auf, erst einmal in Ruhe das Badezimmer zu benutzen. Endlich konnte ich wieder eine Toilettentür hinter mir zumachen, mußte nicht mehr vor anderen nackt dastehen, konnte aus einem Fenster nach draußen sehen und mich nach zwei Wochen endlich einmal wieder mit warmem Wasser waschen.

Als ich aus dem Badezimmer kam, empfing mich der für meinen Fall zuständige Abteilungsleiter Yu, der dort geduldig auf mich

gewartet hatte. Mit einem falschen Lächeln sagte er: »Hier können Sie sich ein paar Tage ausruhen, sich ein bißchen stärken
und ihre Ängste zerstreuen. Wir werden uns dann noch weiter
über ihren Fall unterhalten.«

Uns noch weiter unterhalten, wiederholte ich innerlich. Also
Hausarrest.

Um drei Uhr nachmittags trat ohne Vorwarnung ein Beamter
des Büros für Öffentliche Sicherheit in mein Zimmer und verkündete: »Aufgrund eines Eilabkommens zwischen der Volksrepublik China und den Vereinigten Staaten von Amerika werden sie in die USA ausgewiesen. Morgen vormittag werden Sie
mit einer Maschine der Air China in die USA fliegen.« Ich war
verblüfft und konnte für einen Moment nicht klar denken, bevor mein Verstand wieder einsetzte und mir dämmerte, daß die
Freiheit zum Greifen nah war. Und daß ihr Preis »Exil« hieß.
Rasch wandte ich ein: »Ich möchte hierbleiben, in Peking, das
ist meine Heimat. Ich möchte das Land nicht verlassen, ich …«
Ich hatte noch nicht ausgesprochen, als mich Abteilungsleiter
Yu, der unvermittelt neben dem anderen aufgetaucht war, unterbrach: »Diese Entscheidung kommt von ganz oben. Die amerikanische Regierung hat ihre Auslieferung verlangt. Es wird von
Ihnen erwartet, daß Sie im Interesse der chinesisch-amerikani-
schen Beziehungen kooperieren.«

Um acht Uhr abends tauchte Yu noch einmal bei mir auf, erkundigte sich zunächst freundlich nach meinem Befinden, ob ich
schon zu Abend gegessen hätte und dergleichen. Dann ging er
zum ernsten Teil des Gesprächs über: »Wir hätten nie gedacht,
daß sich so viele bekannte Persönlichkeiten aus dem Ausland
für Sie einsetzen würden. Die US-Regierung hat sich bis zum
Vizepräsidenten in den Fall eingeschaltet. Daß Sie in die USA abgeschoben werden, ist eine Abmachung zwischen der chinesischen und der amerikanischen Regierung, mit mir hat das nichts
zu tun. Ich hatte auch gehofft, daß sie hier noch bleiben können,
so lange Sie wollen, dann könnten wir noch ein bißchen miteinander reden. Da die USA auf eine zügige Überführung bestehen,

müssen Sie morgen abreisen. Eigentlich hätten Sie noch ein paar
Tage länger hierbleiben sollen. Wir hätten uns in aller Ruhe unterhalten und wären noch gute Freunde geworden.«

Ich verspürte an diesem Abend alles andere als Vorfreude auf die
bevorstehende Wiedergewinnung der Freiheit. Äußerlich ruhig,
waren meine Nerven innerlich angespannt, ich fragte mich, ob
meine im Inland lebenden Freunde von der *Tendenzen*-Redak-
tion in Sicherheit waren und wie es wohl dem Drucker, Lao Pan
und Xiao Ai ging. Wie viele Exemplare der Zeitschrift hatten
wohl die Razzien überlebt? Ob diejenigen Exemplare, die ich
bei Freunden in Shanghai deponiert hatte, oder die, die ich Liu
Xiaobo und Liu Xia anvertraut hatte, damit sie sie mit nach
Guizhou nahmen, in Sicherheit waren? Die Wende in diesen letzten beiden Tagen war zu plötzlich eingetreten, es gab nichts, was
ich noch unternehmen konnte. Mein Schicksal lag vollständig
in den Händen anderer.

Abteilungsleiter Yu versuchte es noch einmal auf die freund-
liche Tour: »Vor Ihnen haben hier bereits nicht wenige bekannte
Dissidenten gewohnt, Wei Jingsheng, Wang Juntao, Wang Dan,
Liu Nianchun – sie alle haben hier ein bis zwei Wochen ver-
bracht. Unsere politischen Ansichten sind nicht dieselben, das
macht aber nichts. Ich war auch dagegen, als am vierten Juni
die Panzer auf die Straßen geschickt wurden. In diesem Punkt
sind wir beide bestimmt der gleichen Meinung. Aber auch die
Regierung hat ihre Lektion gelernt. Diese Art von Problemlö-
sung wird sie bestimmt nicht wieder einsetzen.«

Er fuhr fort: »Ich hoffe doch sehr, daß Sie, wenn Sie draußen
sind, nicht so einen Unsinn über uns erzählen werden wie Wei
Jingsheng. Den haben wir hier wirklich nicht schlecht behandelt.
Der alte Wei hat sich hier dermaßen verrückt aufgeführt. Wir
fanden das ziemlich belustigend. Das war ein Kaliber, Mensch,
bevor er in die USA geschickt wurde, entwickelte der vielleicht
ein Ego … Na, lassen wir das.«

In Abteilungsleiter Yus Worten lag ein doppeldeutiger Unterton.
Ich hatte nicht die geringste Lust, mich mit ihm zu unterhalten

oder in irgendwelche Debatten verwickeln zu lassen. Für mich war der Mann ein Geheimagent – je mehr ich sagte, um so schlechter für mich. Ich hätte aber schon gerne gewußt, zu welcher Abteilung er eigentlich gehörte. Also fragte ich: »Abteilungsleiter Yu, von welcher Abteilung des städtischen Sicherheitsbüros kommen Sie eigentlich?«

Mit seinem falschen Lächeln antwortete er: »Ich gehöre zu Abteilung Nummer 3. Mit Leuten, die eine Gefahr für den Staat darstellen, habe ich schon seit mehr als zehn Jahren zu tun, ich habe schon viel erlebt. Jeder hat einen anderen Charakter, es gibt welche, die haben so viel Angst, daß ihnen die Knie schlottern und sie nicht gerade stehen können. Andere sind vollends durchgedreht.«

»Wie kommt es, daß ich von einem Tag auf den anderen nicht mehr für zehn Jahre eingesperrt, sondern ausgewiesen werden soll?« fragte ich.

Er sagte: »Das haben Sie der besonderen Großmut des Staates in Ihrem Fall zu verdanken, selbst der Zentralrat hat sich persönlich in die Sache eingeschaltet. Ihre Aktionen werden als staatsfeindlich eingestuft. Hätten die USA sich nicht für Sie eingesetzt und Sie geschützt, dann hätten Sie nicht nur mit zehn Jahren Gefängnishaft, sondern obendrein mit drei Jahren Umerziehungslager rechnen müssen. Man muß davon ausgehen, daß Sie bei Ihrer Ankunft in den USA gleich am Flughafen von einer ganzen Reihe von Journalisten erwartet werden. Diese Leute haben ganz bestimmte Absichten und werden von Ihnen erwarten, daß Sie China angreifen. Daher möchte ich Ihnen raten: Ganz gleich, ob Sie meinen, sich bei Ihrer Ankunft dort äußern zu müssen oder nicht, reden Sie nicht von mir. Ihre Eltern und Ihre Geschwister sind in Peking, Ihr jüngerer Bruder ist nur auf Kaution frei, den können wir jederzeit wieder einsperren. Sie sollten bei allem, was Sie tun, auch an Ihre Familie denken.«

»Was soll das heißen? Sie drohen mir?« fragte ich empört. »Was ich sage, hat mit meiner Familie nichts zu tun, das geht nur mich an.«

Ich wiederholte noch einmal: »Ich gehe nicht nach Amerika. Ich will in Peking bleiben.«

»Das wird nicht gehen. Sie müssen den Interessen der chinesisch-amerikanischen Beziehungen Ihren Tribut zollen. Die Regierung der Vereinigten Staaten will Sie haben, und wir fügen uns und bringen Sie nach Amerika.«

»Das bedeutet Ausweisung. Ich bin chinesischer Staatsbürger.«

»Ich weiß, wie gesagt, wie sehr Sie Ihr Vaterland lieben. Wenn Sie zurückkommen wollen, rufen Sie uns vorher an und sagen Bescheid. Ich komme persönlich zum Flughafen und hole Sie ab. Wir haben darüber doch bereits gesprochen, nicht wahr? Ob Sie zurückkommen können oder nicht, hängt ganz von Ihrem Benehmen im Ausland ab.«

Dann änderte Yu seinen Ton erneut und machte einen auf alte Kumpane: »Morgen früh hole ich dich ab und bringe dich zum Flughafen. Du bist ja ein ganz schön starker Raucher, schade, daß ich heute abend nicht viele Zigaretten dabeihabe. Morgen bringe ich dir eine große Packung ›Stolz der Nation‹ mit.«

Den ganzen Abend und die ganze Nacht über gingen bei mir Polizisten ein und aus. Um halb sechs am nächsten Morgen wurde ich geweckt und aufgefordert, mich möglichst schnell zu waschen, die Zähne zu putzen und mich zu rasieren. Hatte man Angst, ich könnte mit einer ungewaschenen Erscheinung den Staat blamieren? Danach gab es Sojamilch, fritierte Krapfen und Hirsebrei zum Frühstück. Die Polizei kurvte mich dann im Jeep mit ihrem üblichen Schlingerkurs durch die Straßen. Es war noch früh am Morgen, die Vororte von Peking erwachten gerade zum Leben. Ich starrte auf die Straßen, die Häuser, jeden Stein und jeden Grashalm wollte ich mir einprägen, die alten Männer und Frauen bei der Frühgymnastik, die Jungen und Mädchen, die mit den Schulranzen auf dem Rücken zur Schule gingen. Das war meine Stadt. Ob ich sie je wiedersehen würde? Würde ich wieder einmal in Peking leben, mich sogar einmal für dieses Unrecht rächen können?

Weil das mein Peking ist
Ist es zum letzten Mal mein Peking.

Ein prophetischer Satz. Den ganzen Weg über gingen mir diese Zeilen eines Gedichts von Shi Zhi aus dem Jahr 1968 wieder und wieder durch den Kopf. Ich schluchzte wie ein Kind.

8 Exil

Exil

Ich bin im Exil am äußersten Ende der Zeit
Die Krümmung meines Arms   Bogen der Erinnerung
Mit meinen Schriftzeichen wasche ich den Himmel der Fremde
*   rein*

Der nimmermüde Himmel   ein endloser, gewaltiger Himmel
Monoton, aber standhaft
Trägt er den namenlosen Schmerz der Dinge
Winter – besitzt die Erhabenheit, der Erinnerung einen Namen
*   zu geben*

Ich sehe sie, die von der Erinnerung zurückgewiesene Scham
Sie birgt eine Mission   Dringt in mein unbarmherziges
*   Blickfeld ein*
Ein Blick beendet die Lektüre   Die Erinnerung ergibt sich
*   der Uhr*
Der Erfahrene – Der Abscheu des Erfahrenen vor der Erfahrung

Es ist wirklich nicht die Schuld der Zeit
Es ist nur die Schuld der Zeit

Was das Vergangene unterwälzt   Ist das Rad der Nacht
Die Dinge
Benutzen ihre unvergänglichen Wurzeln
Um sich beharrlich um uns herumzuwinden

Am äußersten Ende des Exils
Bin ich ein konstanter Fluch
Auf der Landkarte meiner Heimat

Mein Vaterland: Ein Koffer

Eine Polizeieskorte bringt mich zum Campus der Pekinger Hochschule für Luft- und Raumfahrt in Jimenqiaowai und fährt bis zu den Mitarbeiterwohnungen der Universität, in denen meine Eltern leben. Ich habe eine halbe Stunde Zeit, um meine Sachen zu packen und mich von meinen Eltern zu verabschieden, wird mir gesagt. Sie rufen sie an und sagen ihnen, daß ich da bin. Sie wollen mich nach oben begleiten, aber ich bestehe darauf, allein zu gehen. Nach einem Anruf bei den Vorgesetzten geben sie meiner Bitte nach und warten unten auf mich. Ich gehe nach oben und finde meine Eltern und meinen Bruder bereits fertig angezogen im Wohnzimmer sitzen. Sie sind gestern vom Büro für Öffentliche Sicherheit über meine Ausweisung aus China informiert worden und wissen, daß ich heute direkt in die USA ausreisen muß. Man sieht Ihnen an, daß sie die ganze Nacht kein Auge zugetan haben. Mein Gepäck haben sie bereits gepackt. Ein großer Koffer und ein Rucksack voller Kleidung lehnen bereits im Wohnzimmer an der Wand, und ich soll nachsehen, ob auch nichts fehlt. Als ich den Koffer aufmache, fällt mir als erstes ein Stapel von *Tendenzen* Nummer 13 in die Hände. Ich verstehe nicht und möchte die Bände herausnehmen, aber meine Mutter insistiert: »Das ist der Grund, weshalb sie dich eingesperrt haben und außer Landes verweisen. Sie hier zu lassen macht keinen Sinn. Bitte nimm sie mit.«

Ich weiß nicht, was ich sagen soll. Stumm durchforste ich weiter mein Gepäck, eine Ausgabe der *Gespräche* des Konfuzius, *Oxford Zweisprachiges Wörterbuch Englisch-Chinesisch*, Schuhe, frisch gewaschene Kleidung, fünfhundert US-Dollar. Ich sehe das alles mit gemischten Gefühlen. In diesem Gepäck nehme ich also mein Vaterland mit mir.

Die halbe Stunde ist im Nu vorbei, ich ordne meine Sachen und erzähle meinem Bruder dabei alles, was sich vor und während meiner Verhaftung zugetragen hat. Schließlich verabschiede ich

mich von meinen Eltern. Für sie ist es das größte Glück, daß ich
der Haftstrafe entgangen bin. Daß ich nun nach Amerika
abgeschoben werde, ist für sie das kleinere Übel. Jedenfalls machen sie sich darum weniger Sorgen. Schon kommt ein Zivilpolizist nach oben und klopft an der Tür. Er kommt herein und teilt
mir mit, die Zeit sei bereits überschritten. Ich bin wütend und
fordere ihn auf, die Wohnung zu verlassen. Bevor die Auseinan-
dersetzung eskalieren kann, halten mich meine Eltern zurück.
Zum Abschied zieht Huang Feng noch ein Geschenk für mich
hervor: Die 1987 im Lijiang-Verlag erschienene Ausgabe von
*Von Bitburg nach Stockholm – ausgewählte Gedichte und Prosa
von Joseph Brodsky.* Er sagt: »Nun ergeht es dir wie Brodsky –
auch du wirst aus deinem Land ausgewiesen.«
Und ich antworte: »Das stimmt zwar, aber Brodsky konnte nie
wieder zurück in seine Heimat. Ich komme bestimmt zurück.«

Susans Rettungsaktion

Am 29. August 2000 landete ich mit einer Maschine der Air China in San Francisco. Bis zu diesem Zeitpunkt wußte ich nur,
daß es der massiven Intervention des US State Departments zu
verdanken war, daß ich in die USA ausreisen durfte. Ich wußte
von niemandem außer Meng Lang, daß er sich für mich eingesetzt hatte, wußte noch nichts Genaues über den vollständigen
Ablauf der Ereignisse und die Details – erst nachdem ein paar
Freunde in San Francisco mit mir gesprochen hatten, erst nachdem ich mit Meng Lang telefoniert hatte, erst nachdem ich ihren
Artikel über mich in der *New York Times*, der *Frankfurter Allgemeinen Zeitung* und der *Liberation* gelesen hatte, in dem zu
meiner Rettung aufgerufen wird, und mich das amerikanische
P.E.N.-Zentrum über die breite Reaktion der literarischen Welt
auf diesen Artikel informiert hatte, erst nachdem ich selbst mit
Susan telefoniert hatte und wieder in New York war, wußte ich
wirklich, was sie alles für mich getan hatte.

Drei Tage nachdem ich wieder zurück in Boston war, bat mich
der amerikanische Schriftstellerverband (P.E.N. American Center) nach New York, wo er eine Pressekonferenz zu meinem Fall
veranstaltete. Ich rief Susan an, um ihr zu sagen, daß ich am
nächsten Tag nach New York komme. Als sie hörte, daß ich es
war, überschlug sich ihre Stimme vor Freude über meine Freilassung. Sie fragte mich: »Können wir uns vorher sehen? Ja? Ich habe zwar morgen nachmittag etwas vor, aber das läßt sich leicht
verschieben. Wir gehen erst einmal in Chinatown etwas essen
und dann zusammen zur Pressekonferenz.«
Wir verabredeten uns für den nächsten Tag in Manhattans Chinatown an der Ecke Canal Street und Mott Street. Punkt zwölf
stieg Susan in schwarzem Mantel und schwarzer Hose in Begleitung eines Freundes, ihres italienischen Übersetzers Paolo Dilo-
nardo, aus einem Taxi. Wir umarmten uns freudestrahlend, wie
nach einer langjährigen Trennung. Sie nahm mich von Kopf bis
Fuß genauestens in Augenschein und sagte: »Du siehst ja ganz
okay aus, so ein Glück, ein bißchen dünner vielleicht? Sie haben
dich nicht gefoltert, oder? So sieht es zumindest nicht aus.« Sie
fragte mich eilig über alles aus, was in China passiert war.
Ich war dankbar und gerührt, aber auch beschämt, als ich Susan
erzählen hörte, was sie alles für mich unternommen hatte. Am
1. August hatte sie in der New York Times von meiner Verhaftung gelesen und war erschrocken. In ihrem späteren Artikel beschrieb sie ihre Gefühle in diesem Moment wie folgt: »Aber,
meine Güte, neben der Kuba-Geschichte, im unteren Teil der Seite, stand noch etwas anderes. Nur eine winzige Meldung, nicht
mehr als fünf Sätze lang, brachte mir die herzzerreißende Nachricht, daß am Nachmittag desselben Freitags mein Freund, der
angesehene chinesische Dichter und Verleger, in Peking verhaftet worden war.«[31]
Für sie war es selbstverständlich, daß sie etwas unternehmen

31 Susan Sontag, »The Crime of Carrying Ideas to China«. In: The New
York Times, 9. August 2000. Dt. Übersetzung von Karin Betz.

mußte. Zuerst nahm sie Kontakt mit einigen chinesischen Freunden auf, und – da diese nichts von meinem Verbleib wußten – fragte dann bei ihr bekannten Sinologen nach, aber auch die wußten nichts über meine Situation.

Sie hatte keine Adresse oder Telefonnummer von mir in Peking, konnte mich oder meine Familie also dort nicht ausfindig machen. Später erfuhr sie durch den amerikanischen Schriftstellerverband von den Umständen meiner Verhaftung, denn Meng Lang hatte zu diesem Zeitpunkt bereits den Fall in den USA publik gemacht und den Verband informiert. Dennoch war es nicht ganz einfach, etwas in Bewegung zu setzen, wie sie schreibt: »August ist ein Monat, in dem schlimme Dinge geschehen, vor allem Mitte August. Es gibt keinen Monat im Jahr, in dem es schwieriger ist, Aufmerksamkeit zu erregen. Und das kann ich bezeugen, da ich seit vergangenem Sonntag kaum etwas anderes getan habe, als Leute, die mir helfen könnten, öffentliche Aufmerksamkeit für Bei Lings Notlage zu erreichen, anzurufen und ihnen E-Mails zu schreiben. Da gibt es den Parteitag der Demokraten oder die Bedrohung durch das russische U-Boot. Und wie ein gut unterrichteter befreundeter Sinologe sagte: ›Du hast es mit Ermüdungserscheinungen bezüglich festgenommener chinesischer Dissidenten zu tun.‹«[32]

Ihr Artikel, »Das Verbrechen, Ideen nach China zu bringen«, erschien in der Woche nach meiner Festnahme in der New York Times. Er wurde in sieben Sprachen übersetzt und erschien zeitgleich in den Zeitungen zehn verschiedener Länder. Darin schrieb sie weiter: »Ist es zuviel erwartet, daß das Schicksal einer wichtigen literarischen Figur, eines rechtmäßigen Bewohners der Vereinigten Staaten, der gerade in einem Gefängnis in Peking dahinsiecht, für unsere Regierung von Interesse sein könnte? Ist es zuviel erwartet, daß Bürger sich dazu motivieren lassen könnten, für diesen einen Akademiker und Dichter einzutreten? Natürlich ist ein öffentlicher Aufschrei nur eine der möglichen Lö-

32 Ebd.

sungen. In den meisten Fällen, in denen Dissidenten von ihren despotischen Regierungen freigelassen wurden, lag der Schlüssel zum Erfolg in der Ausübung von politischem Druck hinter den Kulissen durch hochrangige politische Vertreter. Aber öffentliche Empörung ist ein Anfang.«[33]
Ihre kluge Strategie, gleich von Beginn an, noch bevor Anklage gegen mich erhoben wurde, in den Fall einzugreifen, war entscheidend. Sie erzählte mir, daß sie den US-Präsidenten Bill Clinton persönlich kenne und ihn im Weißen Haus angerufen habe. Clinton habe den Anruf nicht entgegengenommen, aber sie habe ihm durch seine Sekretärin mitteilen lassen, daß die Regierung der Vereinigten Staaten die Pflicht habe, sich in den Fall einzuschalten. Sie sagte, was sie auch in ihrem Artikel schrieb: »Wenn um Bei Ling Stille herrscht, dann ist für ihn das Schlimmste zu befürchten – und für andere in China (vor zwei Tagen wurde sein Bruder, der in Peking lebt, verhaftet). Man gibt der chinesischen Regierung grünes Licht, wenn man sie in solchen Fällen ungestraft handeln läßt, grünes Licht dafür, die Bandbreite ihrer Verfolgung und Einschüchterung von unabhängigem Denken auszuweiten. Wenn niemand etwas unternimmt, ist das ein allzu deutliches Signal für die chinesische Regierung.«[34]
Sie rief auch bei der US-Außenministerin Madeleine Albright, mit der sie befreundet war, an und bat sie, Nachforschungen über meinen Fall anzustellen. Ihrer Meinung nach sollten die Regierungsverantwortlichen »sich auch um die Belange von Demokratie und Freiheit kümmern«. Sie bekam von Albright die Zusicherung, daß das amerikanische Außenministerium sich mit Nachdruck in den Fall einschalten werde und der US-Botschafter in Peking mit der chinesischen Regierung verhandeln werde, um mich und meinen Bruder freizubekommen.
Sie berichtete mir, daß sie sich in jener Woche frei genommen habe, um jeden Tag rund um die Uhr nichts anderes zu tun, als

33 Ebd.
34 Ebd.

Anrufe zu tätigen und verschiedenen Personen, die meiner Sache
von Nutzen sein konnten, zu erklären, wer ich war, was ich tat
und warum ich im Gefängnis saß, damit sie sie bei ihrer Ret-
tungsaktion unterstützen würden. »Es war zu erwarten, daß die
amerikanische Regierung nicht wußte, wer du bist. Aber die
Schriftsteller wußten es auch nicht, Arthur Miller, Günter Grass
und Salman Rushdie kannten dich nicht. Ich mußte in einem fort
erklären, wer du bist und warum man dich retten mußte.«
Zur gleichen Zeit liefen in New York unter Beteiligung der chinesischen Regierung die Vorbereitungen zu einer Großausstel-
lung mit dem Titel »Fünftausend Jahre chinesische Zivilisation«,
die durch das Land touren sollte. Als sie von dieser wichtigen
Ausstellung zu chinesischer Geschichte und Zivilisation erfuhr,
habe sie sich gedacht, *great*, was für eine Farce, meine Verhaftung in Peking auf der einen Seite und eine Ausstellung zu den
Errungenschaften der chinesischen Zivilisation auf der anderen
Seite. Sie sei davon ausgegangen, daß ich sang- und klanglos verurteilt werden würde, und habe daher ihren Einsatz für mich verstärkt. Geplant war, im Vorfeld der Eröffnung der Ausstellung
Anfang September eine gemeinsame Protestaktion von amerikanischen Intellektuellen und Künstlern in Form einer Demonstration zu veranstalten und meine Freilassung zu verlangen.
Sollte das ohne Wirkung bleiben, hatte sie noch weitere Aktionen geplant.
Nach dem Mittagessen begleitete Susan mich zum Sitz des amerikanischen Schriftstellerverbands auf dem Broadway, wo man
Susan und mir zu meiner Freilassung gratulierte. Die Pressekonferenz fand in den Räumen des P.E.N. USA statt, unter der Leitung des Geschäftsführenden Direktors des Verbands, Michael
Roberts. Susan nahm neben mir Platz. Die Fragen der Journalisten drehten sich um das Konzept von *Tendenzen*, seine Inhalte
und seine Leser, die Details seiner Herstellung in Peking, die
Gründe für meine Verhaftung, das chinesische Verlagswesen, Zensur, Selbstzensur und so fort. Als die Fragen immer konkreter
und detaillierter wurden, hatte ich Mühe, sie zu verstehen, und

meine Antworten fielen auf englisch etwas dürftig aus. Ich vermochte meinen Gedanken in der Fremdsprache einfach nicht die richtigen Worte zu geben.

Susan erkannte meine Notlage und sagte leise zu mir: »So geht das nicht, die Journalisten können nicht richtig verstehen, was du sagen willst. Wir machen es so: Du erklärst mir, was du sagen willst, und ich versuche, dich richtig zu verstehen, und dann antworte ich für dich.« So hielten wir es dann. Susan fungierte als meine Dolmetscherin und übersetzte und konkretisierte mein Bei-Ling-Englisch. Wenn sie bemerkte, daß ich die Fragen der Journalisten nicht richtig verstanden hatte, erklärte sie sie mir. Sie entsprach genau dem Bild von Susan Sontag, das mir immer in Erinnerung bleiben wird: Ihre Gesten, ihre Formulierungen, der Reichtum und die Präzision ihrer Sprache ließen meine Antworten erst perfekt werden.

Es ist sicher richtig, daß sie es einfach nicht ertragen konnte, daß einem Schriftsteller die Worte fehlen, weil er sich in einer fremden Sprache ausdrücken muß, und deshalb von den Zuhörern mißverstanden und belächelt wird. Sie ertrug es nicht, daß ein Autor zu solcher Ausdrucksarmut verurteilt sein sollte, nur weil er kein Muttersprachler war. Sie erwartete von mir, daß ich so formulierte, wie es einem Schriftsteller anstand, und als mein Englisch dieser Anforderung nicht genügen wollte, eilte sie mir kurzerhand selbst zu Hilfe und lieh mir ihre Sprache.

Als die Pressekonferenz beendet war, erhob sich Susan sofort und sagte: »Ich muß wieder an die Arbeit.« Sie fragte mich, ob ich noch irgendwelche Hilfe brauchte, und bat mich, gegen Abend noch einmal anzurufen. Und schon verabschiedete sie sich und war verschwunden.

Am nächsten Tag besuchte ich sie zusammen mit Meng Lang und Zhang Zhen. Es war das erste Mal, daß sie Meng Lang traf, und sie fragte ihn unmittelbar nach der Begrüßung: »Warum sind Sie nicht gleich zu mir gekommen, nachdem Sie erfuhren, daß Bei Ling festgenommen worden war?«

Meng Lang war von der Frage überrumpelt: »Ich hatte damals Ihre Telefonnummer nicht.«

»Aber Sie standen doch die ganze Zeit in Kontakt mit dem Schriftstellerverband, der hätte sie Ihnen geben können.«
Meng Lang hatte seine liebe Not, sich zu erklären:»Ich ... ich ging davon aus, daß Sie eine vielbeschäftigte Person sind, ich wollte Sie nicht belästigen.«
Ich konnte gut verstehen, warum Meng Lang sie nicht angerufen hatte, und gab Susan an seiner Stelle eine Erklärung für sein Verhalten. Sie verstand zwar, sagte aber dennoch etwas vorwurfsvoll:»Sie hätten mich anrufen sollen, ich habe niemandem verboten, mich anzurufen. So beschäftigt bin ich auch wieder nicht. Sie sollten meinen Artikel lesen ...«
Sie führte uns in ihr Arbeitszimmer, wo sie aus einem Aktenschrank einen Ordner mit der Aufschrift Tendenzen und meinem Namen nahm. Ihn aufschlagend sagte sie:»Sämtliche Briefe, Gedichte, Manuskripte und Ausgaben von Tendenzen, die du mir über die Jahre geschickt hast, habe ich hier gesammelt. Sie waren mir jetzt von großem Nutzen, ich habe sogar einiges daraus kopiert und an Freunde geschickt, damit sie sich ein Bild von eurer Arbeit machen konnten.«
Dann schaltete sie ihren Computer ein und fragte, ob wir eigentlich am Computer arbeiten würden. Ich gestand, daß wir bei der Textedition noch sehr altmodisch seien und in der Regel mit der Hand schrieben und Kopien machten. Ich hatte zwar mehrfach versucht zu lernen, mit einem Computer umzugehen, aber da ich es nie richtig verstanden hatte, kaum je Gebrauch davon gemacht. Das schien ihr nicht nachvollziehbar:»Wenn ich in meinem Alter noch in der Lage bin zu lernen, wie man mit einem Computer umgeht und das Internet benutzt, dann sollte dir das in deinem Alter doch nicht schwerfallen.«
Sie erklärte mir und Meng Lang:»Ein Autor muß heutzutage lernen, das Internet zu benutzen und Texte auf dem Computer zu verarbeiten. Das hilft dir nicht nur bei der Bewältigung deiner Arbeit, sondern auch beim Verständnis davon, was in der Welt so vor sich geht.«
Sie setzte sich vor den Bildschirm und forderte uns auf, uns hin-

ter sie zu stellen, um uns selbst eine kleine Einführung zu geben. Susan versuchte, uns so einfach wie möglich zu erklären,
wie man ins Internet kommt, wie man Texte kopiert und herun-
terlädt und im Netz recherchiert. Ich verstand so gut wie gar
nichts.

Auf Susans Website prangt ihr Porträt. Ihr wildes, dichtes, grau-
es Haar über der Stirn, der Blick konzentriert, fixierend. Ihre
Kleidung ist selbstverständlich avantgardistisch, der Blusenkra-
gen offen. Es ist nicht Erotik – es ist der besondere Charme ihrer
Intelligenz, der sie so attraktiv macht.

Sie machte sich Sorgen um mein Auskommen und fragte ständig,
ob ich Hilfe benötige. Im Herbst 2000 beantragte sie für mich
eine Nothilfeunterstützung von zweitausend Dollar, die auch ge-
nehmigt wurde. Da sie befürchtete, ich würde die Hilfe nicht
annehmen, begleitete sie mich persönlich zur Abholung des Geldes beim P.E.N.

Susans Sinn für Gerechtigkeit zeigte sich auch in einem für meine Begriffe jede Vorstellung überschreitenden Vorschlag, den
sie mir später machte. Meiner Familie war vom Büro für Öffentliche Sicherheit der Stadt Peking in erpresserischer Manier die
Zahlung einer »Verwaltungsgebühr« von 200 000 Yuan (etwa
20 000 Euro) auferlegt worden – eine Summe, die meine Familie
unmöglich aufbringen konnte. Zusätzlich wurden für jeden Tag
nach der Fälligkeit acht Prozent Zinsen aufgeschlagen. Die Summe der »Gebühr« inklusive Zinsen würde so mit der Zeit auf
einen astronomischen Betrag anwachsen. Als ich Susan gegenüber meine prekäre Lage erwähnte, war sie aufgebracht und besorgt und dachte darüber nach, wie man das Geld zusammen-
bekommen könnte. Sie schlug vor, in einem mit unser beider
Unterschrift versehenen Brief an zweihundert wohlhabende US-
Bürger meine Situation darzulegen und sie um eine Spende von
zweihundert Dollar zu bitten. Auf diese Weise könnte das Geld
zusammenkommen, und ich wäre meine Sorge los. Darüber mußte ich erst einmal nachdenken, es schien mir unpassend, und ich

sagte zu Susan: »Ich bin dir wirklich sehr dankbar, aber denkst du denn, daß man dieser erpresserischen Geldforderung wirklich nachgeben sollte? Ich könnte diese Spende unmöglich annehmen.«
Ich brachte sie von der Idee ab, und wir ließen die Aktion bleiben.

Angstzustände

Zurück in San Francisco, in vertrauter Umgebung, wußte ich nicht, ob ich glücklich oder traurig sein sollte. Die Freude über die wiedergewonnene Freiheit überstieg nur zeitweise den gefühlten Verlust. Es war wie den Himmel zu gewinnen und dafür den Boden zu verlieren. Als ich am Flughafen von San Francisco eintraf, winkte mich der Beamte an der Paßkontrolle gleich durch, als er meinen Namen las. Man sei vom State Department benachrichtigt worden. Draußen warteten schon die Grenzbeamten, die mich in Empfang nahmen.
Ich blieb für ein paar Tage bei Freunden in San Francisco und schlief mich aus, um die Müdigkeit loszuwerden, die ich vom Gefängnis und von dem langen Flug mitgebracht hatte. Drei Tage später machte ich mich auf den Weg nach Boston. Ich wurde langsam ruhiger und versuchte wieder, zu schreiben, doch jedesmal, wenn ich etwas über das Geschehene aufschreiben wollte, hatte ich eine Schreibblockade; die Furcht wollte einfach nicht von mir weichen, ich spürte einen unsichtbaren Widerstand. Instinktiv versucht der Mensch, eine Konfrontation mit der eigenen Tragödie zu vermeiden, mit den Details der unvergeßlichen Schrecken der Gefängnishaft, dem Durst nach Freiheit. Die Literatur zu diesem Thema ist weitreichend, es gibt eine Reihe bekannter Berichte aus der Haft, wie Alexander Solschenizyns *Der Archipel Gulag*, wie Dietrich Bonhoeffers *Briefe aus dem Gefängnis* oder Václav Havels *Briefe an Olga*. Für mich bedeutete die Unfähigkeit zu schreiben, daß ich einfach zu schwach war und daß ich zu hohe Ansprüche an mich selbst hatte.

Anfang Oktober 2000 stellte ich die regelmäßigen Anrufe bei meinen Eltern und meinem Bruder in Peking ein. Ich wollte, daß sie ihr Leben in Peking in Ruhe weiterleben konnten. Ich hatte bemerkt, wie wenig sie sich bei jedem meiner Anrufe darüber freuten, den Klang meiner Stimme zu hören. Sie wollten gar nicht mit mir sprechen, wagten aber nicht, einfach aufzuhängen. Aus Angst, ich könnte ihnen etwas erzählen, aus Angst, sie könnten etwas Falsches sagen, aus Angst vor dem dritten Ohr, dem allgegenwärtigen, übermächtigen Ohr des Staates, der mithörte. Schließlich erhielt ich von meiner Mutter ein Fax, ob es nun eine Bitte war oder ein Befehl, in seiner Gnadenlosigkeit lag jedenfalls eine unmißverständliche Botschaft: »Du stehst unter dem Schutz der amerikanischen Regierung, aber wir sind nur einfache Leute, wir können uns auf niemandes Schutz verlassen, wir müssen weiter unser Leben in China leben. Dein kleiner Bruder ist jetzt zu einer Geisel für dich in China geworden. Alles, was du in den USA unternimmst, kann sich auf sein Leben auswirken, auf unsere ganze Existenz in diesem Land. Huang Feng ist auf Bewährung frei, sie können ihn jederzeit wieder einsperren. Die Sache hatte bereits einen verhängnisvollen Einfluß auf seine Arbeit. Wenn du also noch eine Spur von Gewissen hast, wenn du noch nicht vergessen hast, was du uns vor deiner Abreise versprochen hast, dann bitte ich dich: Nimm nie wieder Kontakt zu uns auf.«
Der Brief meiner Eltern war ein Flehen, und er war ein Befehl. Ich beugte mich ihrem Befehl. Ich stellte jeden Kontakt zu meiner Familie in Peking ein.
Abgesehen davon, daß Huang Fengs Handy und unser Festnetzanschluß abgehört wurden, wurde Huang Feng dazu genötigt, jeden Anruf von mir, meinen Freunden oder der *Tendenzen*-Redaktion beim Pekinger Büro für Öffentliche Sicherheit anzuzeigen und gegebenenfalls sogar einen schriftlichen Bericht darüber abzuliefern. Außerdem verlangte man von ihm, mich bezüglich meiner Aktivitäten im Ausland zu ermahnen und auf die Situation meiner in Peking festsitzenden Familie hinzuweisen. Gemäß

den »Bewährungsauflagen« durfte Huang Feng Peking ein Jahr
lang nicht verlassen, konnte jederzeit vor Gericht gestellt oder
wieder eingesperrt werden.

Mein Studio in Boston liegt im Erdgeschoß eines fünfstöckigen
Bürohauses zwischen der Harrison Avenue und der Washington
Street namens »Laconia Lofts«. Ich habe es mit Unterstützung
des »Plans zum Wohnungserwerb für Künstler mit niedrigem
Einkommen« des Bostoner Künstlerverbands zu einem Drittel
des Marktpreises erworben.

Warum man das Haus wohl »Laconia« genannt hat? Lakonien
ist der Name eines Staates im Süden des antiken Griechenlands.
Es heißt, daß König Philippos II. des unbezwingbaren Staates
Mazedonien im vierten Jahrhundert nach Christus die Hauptstadt Sparta des benachbarten Lakoniens angreifen wollte. Er
sandte einen Drohbrief an den König der Polis von Sparta mit
den Worten: »Wenn wir deine Stadt bezwungen haben, werden
wir sie niederbrennen.« Nicht lange darauf erhielt er eine Antwort, die aus nur einem einzigen Wort bestand: »Wenn«. Jeder
weiß, wie die Geschichte ausging. Deshalb benutzt man bis heute in westlichen Sprachen das Adjektiv lakonisch, was soviel wie
»knapp, aber treffend« bedeutet. Ich war nun also ein Bewohner
Lakoniens geworden.

Die Front des Gebäudes besteht aus Doppelglasfenstern und
-türen, es gibt einen Balkon, und vor dem Fenster stehen Schnur-
bäume, deren dichtes Blattwerk im Sommer angenehmen Schatten spendet, während im Winter, wenn sie ihre welken Blätter ab-
geworfen haben und nur der nackte Baumstamm dasteht, das
wärmende Sonnenlicht durch die Scheiben dringen kann und
den Raum freundlich erhellt. Die langgezogene Terrasse, die sich
die Bewohner des Erdgeschosses teilen, ist von einer Mauer umgeben, hinter der sich im Schatten der Bäume ein langer, schma-
ler, asphaltierter Weg erstreckt, der zu einem großen Parkplatz
führt. Mein Schreibtisch steht direkt am Fenster, auf Höhe mit
dem Fensterbrett. Wenn ich so am Fenster sitze, geht mein Blick
über die Terrassenmauer über den Parkplatz hinweg auf die Wän-

de der Fabrikgebäude in der Perry Street. Im Winter kann man
umgekehrt von dort bis in mein Arbeitszimmer blicken, bis zum
Bücherregal am Kopfende des Zimmers. Jeder kann also – da
ich keine Vorhänge habe – hereinschauen. Diese Gegend gilt als
eine verhältnismäßig sichere Wohn- und Arbeitsgegend. Doch
nachdem ich aus der Haft entlassen worden war, verfolgte mich
noch jahrelang eine namenlose Angst.
Alljährlich im September hält der Herbst Einzug in Neuengland.
Im Oktober bedeckt bereits das Herbstlaub die Straßen, und der
Winter kündigt sich mit seinem kalten Wind an. Wenn es dunkel
wird, sehe ich von meinem Zimmer aus die fahlgelben Lichter
der Straßenlaternen angehen.
Hier sind die Herbstnächte ruhig, doch immer wieder schreckte
in nachts aus meinen Alpträumen hoch. Wenn abends das Licht
im Zimmer an war und ich aus dem erleuchteten Zimmer heraus
um mich herum nur Dunkelheit sah, während ich selbst im Licht-
schein saß, fühlte ich mich in den Moment des Verhörs in jener
Nacht im Qinghe-Untersuchungsgefängnis zurückversetzt und
sah das Bild jener mich wortlos anstarrenden hohen Funktionäre im Halbdunkel vor mir. Ich entwickelte allmählich Wahn-
vorstellungen und stellte mir vor, daß plötzlich ein Mörder über
die Terrasse in mein Studio eindringt, mich erschießt und wieder
verschwindet. Mein Studio war ein Einzimmerapartment, ich
schlief auf einem Futon auf dem Boden. Manchmal schielte ich
nachts zum Fenster hin, auf das die Straßenlaternen mit ihrem
Licht seltsame Schatten warfen, und meinte den Mörder schon
hinter der Terrassentür zu sehen, wie er mit seiner Waffe auf mich
zielt. Ich zitterte vor Angst.
Schon bald legte ich mir Vorhänge zu, damit ein potentieller Kil-
ler mich nicht mehr von außen sehen konnte. Als es dunkel wurde, ging ich auf die Straße, um zu prüfen, ob es funktionierte. Als
ich aber von der Perry Street aus in mein hell erleuchtetes Studio blickte, erschrak ich. Man konnte jedes Detail im Zimmer erkennen, ich war immer noch ein bestens auszumachendes Ziel.
Eine Woche später tauschte ich die durchsichtigen Gardinen ge-

gen dickere aus und untersuchte anschließend die mögliche Flug-
bahn eines Geschosses und in welchem Winkel es von der Straße
aus durch die Doppelglasfenster ins Zimmer dringen könnte. Ich
nahm immer wieder neue, mögliche Positionen des vermeint-
lichen Scharfschützen ein, ging das Terrain zwischen Straße und
Parkplatz ab und rechnete mir aus, wie lange wohl eine tödliche
Kugel bis ins Zimmer brauchte, und bat sogar Freunde, in meinem Studio verschiedene Positionen einzunehmen, vor dem Fenster, auf dem Sofa sitzend, auf dem Futon liegend, um zu prüfen, wie mich der Mörder erwischen konnte. Nach wiederholten
Manövern dieser Art kam ich zu dem Schluß, daß ich mich in
akuter Gefahr befand und bereits so gut wie tot war. Ich glaubte
sogar, daß der Mörder gar nicht gewaltsam über die Terrasse
in die Wohnung dringen mußte, wo er nur Spuren hinterlassen
würde, sondern sich einfach nur neben den eisernen Fensterrahmen stellen oder an die niedrige Terrassenmauer gelehnt abwarten mußte, bis ich mich nicht bewegte, dann zielte, den Abzug be-
tätigte und mich in aller Ruhe abknallen und seine Tat vollenden
konnte, um sich dann unbemerkt zu entfernen.
Um diesem durch meine Halluzinationen geisternden Attentat
vorzubeugen, schaffte ich mir doppellagige, blickdichte Vorhänge an, die auf der Außenseite aus lichtabweisendem silberfarbe-
nen Canvas bestanden und auf der Innenseite aus blickdichtem
schwarzen Stoff. Mit diesem Vorhang konnte ich das Zimmer
endlich vollkommen von äußeren Blicken abschirmen. Sobald
es dunkel wurde, zog ich jetzt die Vorhänge zu, und alles war her-
metisch abgeriegelt. Noch dazu stellte ich auf der Terrassenmauer ein paar Topfpflanzen auf, die mich vor Blicken von außen
schützen konnten und die auch ein Hindernis für mögliche Mau-
erkletterer waren. Aber vollends beruhigt war ich immer noch
nicht. Ich erkundigte mich sogar nach der Möglichkeit, Fenster-
scheiben aus kugelsicherem Glas einbauen zu lassen.
Die ersten beiden Jahre nach meiner Verhaftung fühlte ich mich
im Erdgeschoß immer unsicher. Ich machte mir Vorwürfe, weil
ich mich nicht von Anfang an um ein Studio in einem höher ge-

legenen Stockwerk bemüht hatte, das hätte sowohl die Chancen potentieller Verfolger als auch die erforderliche Dicke meiner Vorhänge reduziert. Die Alpträume kamen immer wieder. Tagsüber verschwanden sie, aber in der Nacht kehrten sie zurück. Diese Angstzustände waren ein Vermächtnis jenes traumatischen Verhörs.

Im Mai 2004 ließ ich in das etwa zweihundert Quadratmeter große Studio ein zwanzig Quadratmeter großes Schlafzimmer einbauen. Mit diesem zusätzlichen Zimmer begannen die Alpträume allmählich zu verschwinden. Ich hatte endlich das Gefühl, daß dies mein Zuhause auf dieser Welt war.

Dieses Studio beherbergt inzwischen die etwa dreitausend Bücher, die ich in den Höhen und Tiefen meines Lebens zusammengetragen habe, sämtliche Spuren meines Lebens, Manuskripte und Korrespondenzen mit Autoren, wie die maschinengetippten und dann per Hand korrigierten Briefe Nadine Gordimers, das komplette, fünfzehntausend Zeichen umfassende, von ihm korrigierte und zurückgesandte Manuskript des Interviews mit Seamus Heaney und die Briefe von Octavio Paz, Czesław Miłosz, Susan Sontag und Elie Wiesel, in denen sie ihr Einverständnis geben, als beratende Redakteure von *Tendenzen* zu fungieren. Dieses Studio ist auch das Geburtszimmer des »Unabhängigen Chinesischen P.E.N.-Zentrums«. Vom Beginn meiner Verhandlungen mit dem Internationalen Schriftstellerverband bis zu der Phase, als Meng Lang und ich uns voll in die Sache hineinknieten, rund um die Uhr Telefonate führten, Faxe verschickten – bis zur Gründung des Verbands diente dieses Studio uns als Zentrale. Zugleich ist es der Sitz der Redaktion und des Verlags *Tendenzen*. Es ist der Raum, in dem ich schreibe.
Das Studio ist für mich nach langen Jahren der Wanderung durch diese Welt zu meinem Nest geworden. In der Zukunft wird es – voller Bücher und Literatur – vielleicht einmal eine »literarische Heimat« für Schriftsteller und Verleger im Exil werden, so wie auf der ganzen Welt viele Häuser für Künstler und Literaten zu meinem zeitweiligen Aufenthaltsort geworden sind – beispielsweise das Heinrich-Böll-Haus.

9 Gründung der unabhängigen chinesischen Schriftstellervereinigung

Tendenzen wird eingestellt

Im April 2001 erschien in Taiwan die dreizehnte Ausgabe von *Tendenzen* in zweiter Auflage. Doch das war bereits der Anfang vom Ende. Ich war geistig und körperlich fertig. Man kann sich schwer vorstellen, wie viele Anstrengungen mich diese Zeitschrift jedesmal gekostet hatte. Abgesehen davon, daß ich mich in den ersten beiden Jahren um das ganze komplexe Drumherum wie Redaktion, Druck, Versand und Lagerung kümmerte, wurde auch die Auswahl der Manuskripte zuerst von mir allein, dann von Meng Lang und mir gemeinsam erledigt. Es war eine undankbare Aufgabe. *Tendenzen* erschien zweimal jährlich, jeweils zweihundert bis vierhundert Seiten stark. Ich war verantwortlich für die Redaktion der Sparten Humanwissenschaften, Kunst und Schwerpunktthema, Meng Lang für die Redaktion des Literaturteils. Zuerst wurde die Zeitschrift in Hongkong, dann in Taiwan gedruckt, jeweils in einer Auflage von etwa tausend Exemplaren. Da der Fokus der Beiträge sowohl im Bereich der Literatur als auch der Essays auf China lag, war die Zahl der Leser in Hongkong und Taiwan allerdings limitiert. Abgesehen von einigen wenigen Themenheften, die besondere Aufmerksamkeit erregten, wie die Nummer 12 mit dem Schwerpunkt »Kunst der Gegenwart«, von der sich in Taiwan fünfhundert Exemplare verkauften, wurden dort ansonsten nur zweihundert Stück vertrieben, von denen sich höchstens hundert verkauften. Das deckte nicht einmal die Herstellungs- und Lagerkosten. Im Sommer 1997 endete Meng Langs Zeit als Writer in Residence an der Brown Uni-

versity, er zog nach Boston und wurde dort zum Direktor des
Theaters des von dem aus China stammenden Dramatiker Zhu
Rong gegründeten »Chinesischen Gartens der Künste« berufen.
Da er nicht viel verdiente und die Mieten in Boston sehr hoch
sind, zog Meng Lang kurzerhand in die Requisitenkammer des
Theaters ein, die gleichzeitig als Technikraum diente. Zugege-
ben, das Theater lag in der Nähe von Chinatown, was immerhin recht praktisch war. Andererseits war der Raum fensterlos,
und Meng lebte immerzu ohne Tageslicht. Sein Zustand war be-
sorgniserregend. Von 1999 an mußte er sein Arbeitspensum für
Tendenzen reduzieren.

Ich selbst verfügte seit 1993, als meine Zeit als Writer in Residence an der Brown University vorbei war – abgesehen von gelegentlichen Autorenhonoraren –, viele Jahre lang über kein gere-
geltes Einkommen. Dieser Zustand wurde, wenn ich mich recht
erinnere, nur fünf Mal unterbrochen. Von 1994 bis 1995 war ich
Dozent am Institut für Ostasienwissenschaften der Harvard University, im Frühsommer 1997 arbeitete ich zwei Monate lang
für das Hongkonger Magazin *The Chinese Monthly*, im Oktober 1997 war ich mit einem Stipendium des Deutschen Akademi-
schen Austauschdienstes für zwei Monate Gastwissenschaftler
am Institut für Sinologie der Universität Bonn und 1998 noch
einmal in Deutschland, diesmal fünf Monate lang als Residenz-
schriftsteller im ostdeutschen Künstlerhaus Schloß Wiepersdorf
auf Einladung der Berliner Kulturstiftung. Zwischen 1995 und
2000 verdiente ich mir ab und an zweihundert Dollar als Sonder-
korrespondent für das Programm von *Radio Free Asia*. Ich war
ein herumziehender Bohemien, außer während der Zeit, als ich
als Dozent in Harvard eine Wohnung in Cambridge hatte, und
dann, als ich vom Winter 1999 bis zum Sommer 2000, also bis
zu meiner Verhaftung, eine Einzimmerwohnung in einem öffentlichen Wohnblock in Peking mietete. Davon abgesehen, hatte
ich viele Jahre lang keinen festen Wohnsitz, pendelte zwischen
Taipeh, Hongkong, Boston, Prag, Paris, Berlin und der Region
Guangzhou-Shenzhen in Südchina. Dieses Nomadenleben lehrte

mich viele handfeste Überlebensstrategien: Es gab feste Prinzipien wie »Aus einer zerbrochenen Münze mach zwei halbe Blumen« oder die »drei kleinen Nein«: Kein Friseur, keine neue Kleidung, keine U-Bahn. Ich lebte nach einem Hauptprinzip, das von ein paar Nebenprinzipien gestützt wurde. Das Hauptprinzip war: Wenig Fleisch und viel Gemüse, zu Hause essen oder sich einladen lassen. Und die beiden Unterpunkte waren erstens: kein Obst und Gemüse kaufen, das mehr als einen Dollar, eine Mark, einen Franc, einen Euro oder ein Pfund Sterling kostete, und zweitens: in Supermärkten nur preisreduzierte Ware mit abgelaufenem Verfallsdatum kaufen oder die Sonderangebote kurz vor Ladenschluß. Schließlich gab es noch die »drei großen Nein«: Kein Haus kaufen, keine Kinder bekommen, kein Auto fahren. Auf diese Weise lebte ich in den neunziger Jahren auf kleiner Flamme ein bescheidenes, aber glückliches Leben. Dabei nahm ich kein einziges Mal staatliche Beihilfen in Anspruch.

Selbstverständlich war es dabei nicht gerade einfach, die knapp zehntausend Dollar, die jede Ausgabe von *Tendenzen* kostete, zusammenzubringen. Das ohnehin schon geringe Honorar für die Autoren der Zeitschrift wurde von 1996 an ganz gestrichen, und mit der elften Ausgabe 1998 stellten wir die kostenlose Belieferung von Bibliotheken und Universitäten ein, für die wir zuvor fünfhundert Exemplare reserviert hatten.

Über all die Jahre hinweg schöpfte ich immer das Limit für zehn Kilo Handgepäck auf internationalen Flügen aus, um die Zeitschrift persönlich in alle Welt zu verteilen. Wenn Freunde auf Reisen waren, dienten sie mir stets als Luftfrachtkuriere. Das kam nicht selten vor, aber sie hatten sich daran schon gewöhnt. Ich lehnte es ab, nicht verkaufte Exemplare einstampfen zu lassen. Das bedeutete allerdings Lagerkosten, die mit der Zahl der Hefte über die Jahre stiegen; noch dazu litt das Papier in den langen Regenzeiten Taipehs unter der Feuchtigkeit.

Dann kamen 2001 die furchtbaren Terroranschläge des elften September, und ein Klima der Angst brach über die USA herein. Die Gründung eines unabhängigen chinesischen Schriftstellerverbands schien dringlicher denn je, und die Redaktion der vierzehnten Ausgabe von *Tendenzen* mußte erst einmal aufgeschoben werden. Ich mußte mich für eines von beiden entscheiden. Da mir das unabhängige P.E.N. wichtiger war, entschied ich mich, die Publikation der Zeitschrift vorübergehend auszusetzen. Susan zeigte sich über diese Entscheidung sehr enttäuscht. Sie nahm ihre Aufgabe als Beraterin der Redaktion sehr ernst, überließ mir kostenlos die Rechte zur Übersetzung ihrer Texte ins Chinesische, schlug Autoren und Texte vor und nutzte einen Vortrag am Harvard Yenching Institute, um finanzielle Unterstützung für *Tendenzen* zu beschaffen. Sie wartete die ganze Zeit darauf, daß die Zeitschrift wieder aufgelegt werden würde. Ich habe sie in dieser Hinsicht leider enttäuscht.

Gründung des Unabhängigen Chinesischen P.E.N.

Die internationale Schriftstellervereinigung P.E.N. wurde 1921 in London von der Schriftstellerin C. A. Dawson Scott gemeinsam mit anderen europäischen Schriftstellern gegründet. P.E.N. steht für die englischen Bezeichnungen *Poets* (Dichter), *Essayists* (Essayisten) und *Novelists* (Romanschriftsteller). Die internationale Vereinigung steht für die Verteidigung der Würde des Schriftstellers und seiner kreativen Freiheit; das gilt für alle ihr angeschlossenen Landes- und Regionalvereinigungen. Dazu gehört auch eine lange Tradition der Integration von Zusammenschlüssen von Exilschriftstellern im P.E.N. In der damaligen Volksrepublik China wurde 1924 ein eigener Landesverband ins Leben gerufen, der im selben Jahr auch in die internationale Vereinigung aufgenommen wurde. Zu den Gründern gehörten Schriftsteller und Gelehrte wie Lin Yutang, Hu Shi, Xu Zhimo und Cai Yuanpei, der zum ersten Vorsitzenden gewählt wurde. Die wichtigste Aufgabe des chinesischen P.E.N. bestand in der Förderung des internationalen Literaturaustauschs, von Übersetzungen und darin, gegenseitige Besuche von Schriftstellern zu ermöglichen. 1949 floh die Schriftstellervereinigung mit der Kuomintang-Regierung nach Taiwan und wurde zum regionalen P.E.N. Taiwan. Unter der Regie von Zhang Lanxi gründete das P.E.N.-Zentrum der Republik China 1972 eine Zeitschrift mit dem Namen Chinese *P.E.N. Quarterly*.

Im Juli 1949 wurde auf dem Festland die Chinesische Schriftstellervereinigung (zunächst unter dem Namen *Gesamtchinesische Vereinigung der Literaturschaffenden*) gegründet, eine von der Kommunistischen Partei Chinas abhängige Organisation, deren Mitglieder in der Regel auch Parteimitglieder sind und die von der chinesischen Regierung finanziert wird. Die derzeitige Vorsitzende der Vereinigung, Tie Ning, ist Mitglied des Zentralkomitees der Partei. Sie verfügt in jeder der dreißig Provinzhauptstädte und zahlreichen weiteren Städten über Unterorganisationen und ist die an Mitgliedern reichste Schriftstellervereinigung der Welt. Weniger als hundert Mitglieder zählen dagegen die Organisationen, die 1980 gegründet wurden, um die Aufnahme in die Internationale P.E.N.-Vereinigung zu ermöglichen, mit den Namen P.E.N. China, P.E.N. Guangzhou und P.E.N. Shanghai. Es sind Unterorganisationen des Dachverbands.

In der Folge des 4. Juni 1989 verurteilten P.E.N. International und Schriftstellervereinigungen auf der ganzen Welt gemeinschaftlich das Massaker der chinesischen Regierung an der Zivilbevölkerung auf dem Tian'anmen-Platz. Seither beteiligt sich P.E.N. China nicht mehr an den einmal jährlich stattfindenden Treffen des internationalen Dachverbands oder an dessen Aktivitäten. Nachdem es mehr als zehn Jahre lang keinen Austausch zwischen der chinesischen und der internationalen Schriftstellervereinigung gegeben hatte, lag die Hoffnung von P.E.N. International auf der Gründung eines neuen Zentrums durch chinesische Schriftsteller im Exil.

Die chinesischen Untergrund- und Exilschriftsteller hatten schon viele Jahre für die Freiheit der Meinungsäußerung und der künstlerischen Freiheit gekämpft.

Bereits Ende 1989 versuchte sich der im amerikanischen Exil lebende Dichter Fei Ye mit der Planung einer *Allianz der chinesischen Exilschriftsteller*, und ich unterstützte ihn dabei. Als aber Abstimmungsschwierigkeiten und ein Mangel an Kommunikation und Identifikation mit dem Projekt bei bekannten, im Ausland lebenden chinesischen Autoren wie Bei Dao zu Zweifeln und Mißtrauen führten, blieb die Anstrengung ergebnislos. Gemeinsam mit den in Shanghai lebenden Autoren Meng Lang, Mo Mo und anderen planten wir dann 1992 das »Internationale Komitee von Schriftstellern zur Verteidigung der Freiheit des Schreibens«. Das Komitee diente vor allem der Rettung und finanziellen Unterstützung von in China inhaftierten Dichtern und Schriftstellern. Ich war damals für die Beschaffung von Geldern verantwortlich, die über den zu jener Zeit noch in China lebenden Meng Lang als Nothilfen den Familien der Inhaftierten zukamen.

Im September 2000, nachdem ich in die USA ausgewiesen worden war, fragte mich Susan, ob die in alle Welt verstreuten chinesischen Exilschriftsteller denn über einen dem P.E.N. ähnlichen eigenen Verband verfügten. Die gleiche Frage stellte mir wenig später, im April 2001, Salman Rushdie. Ich lernte ihn und seine wunderbare Frau in Los Angeles kennen, als man mich eingeladen hatte, für das *Los Angeles Times Books Festival* die Preisübergabe in der Kategorie Dichtung zu übernehmen.

Im Oktober desselben Jahres reiste ich noch einmal nach Los Angeles, wo mir das P.E.N.-Zentrum US West den *Freedom to write Award* des Jahres 2000 verlieh. Zur Preisverleihung kam auch der damalige Vorsitzende des P.E.N. International, der mexikanische Schriftsteller Homero Aridjis mit seiner Frau. Das war unsere erste Begegnung. Aridjis war ein Mann von Ende Fünfzig, Mexikaner spanischer Abstammung und ein hochproduktiver Dichter. Viele Jahre später schenkte mir Nadine Gordimer eine exquisite Hardcoverausgabe der Gedichte Aridjis' in spanischer Sprache. Seine Frau war eine New Yorkerin mit südamerikanischem Touch, herzlich und aufgeschlossen. Aridjis teilte mit seinen lateinamerikanischen Schriftstellerkollegen wie Pablo Neruda oder Mario Vargas Llosa das Talent für Politik und Diplomatie. Mitten im Reden und Scherzen entwarf er eine Strategie: Er machte sich daran, gemeinsam mit dem Vorstand der P.E.N. US West und mir zu überlegen, wie man eine Schriftstellervereinigung für Exilchinesen etablieren könnte. Noch während des Empfangs im Anschluß an die Preisverleihung und später im Hotel versuchten der Mexikaner und Mitglieder des Direktoriums von P.E.N. US West, mich zu überzeugen. Denn das, was mir in Peking widerfahren war, hatte zum wiederholten Mal bewiesen, daß die Gründung eines neuen chinesischen Schriftstellerverbands das Gebot der Stunde war.

Aufgrund meiner bisherigen Erfahrungen war ich skeptisch. Ich erzählte ihnen von den zahlreichen Widersprüchen und persönlichen Animositäten zwischen den im Ausland lebenden chinesischen Schriftstellern. Es würde schwierig sein, die politisch engagierten und die jede politische Einmischung ablehnenden Autoren zusammenzubringen. Einige davon waren Untergrundschriftsteller, andere Mitglieder des offiziellen chinesischen Schriftstellerverbands, und alle hatten sie sehr unterschiedliche Vorstellungen von Literatur. Sie alle in einer gemeinsamen Organisation zu vereinen würde eine Herkulesaufgabe sein.

Vom Standpunkt der Moral und Verantwortung aus konnte ich allerdings schlecht nein sagen. Aridjis war einer derjenigen Schriftsteller, die sich in einem offenen Brief an den chinesischen Staatspräsidenten Jiang Zemin für meine Freilassung eingesetzt hatten, und auch der P.E.N.-Club US West war damals zu meiner Rettung angetreten. Wie hätte ich ablehnen können?

Zunächst aber zögerte ich. Ich war nie Mitglied in einem offiziellen Schriftstellerverband gewesen. Es war schlicht gegen meine Überzeugungen, denn für mich sollte ein Autor vollkommen unabhängig sein, keiner Partei und keiner Organisation angehören. Eine freie Literaturrepublik – das wäre meine Idealvorstellung von einem Schriftstellerverband –, in der man mit verschiedenen Literaturzeitschriften und Verlagen als Kern seinen Standpunkt gegenüber öffentlichen Angelegenheiten oder wichtigen Ereignissen vertreten, in der man Lesungen, Symposien und Pressekonferenzen veranstalten konnte.

All meinen Vorbehalten zum Trotz: Wir chinesischen Schriftsteller sollten, unabhängig von unserem Verhältnis untereinander, angesichts der Bedrohung einzelner Autoren oder Verleger durch den Staat nicht einfach schweigen, gleichgültig sein und allein darauf vertrauen, daß Autoren und Verbände aus anderen Teilen der Welt an unserer Stelle Widerstand leisten werden, und darauf warten, daß die internationale Gemeinschaft oder die Regierungen anderer Länder sich für uns einsetzen. Mit unserer eigenen Schriftstellervereinigung würden uns keinerlei Verpflichtungen entstehen – schließlich gibt es für einen Schriftsteller kaum Wichtigeres als die persönliche Freiheit. Doch wenn einmal die Zensur hart durchgreifen würde oder einem von uns, gleich in welchem Land er lebt, etwas Schlimmeres geschehen würde, dann gäbe es neben unseren individuellen Stimmen des Widerstands auch die kräftigere Stimme unserer Organisation. Dazu käme die Möglichkeit der Zusammenarbeit mit dem Internationalen P.E.N. und Schriftstellervereinigungen anderer Länder, zu gemeinsamen Rettungsaktionen, Protesten und auch der Schaffung eines Refugiums für verfolgte Autoren sowie der Sicherung ihrer Existenz. Die internationale literarische Welt und das P.E.N.-Zentrum spielten eine wichtige Rolle in Fällen der politischen Verfolgung im eigenen Land wie bei Solschenizyn in den sechziger Jahren, bei Brodsky in den Siebzigern, bei Václav Havel oder im Fall der Fatwa gegen Salman Rushdie durch den iranischen Ayatollah Khomeini 1989. Und eben auch in meinem Fall. All das beschwor die Dringlichkeit eines unabhängigen chinesischen Schriftstellerverbands. Ich empfand es nach meiner Rettung aus dem Gefängnis als Verpflichtung, mich dafür einzusetzen; ich hatte keine Wahl.

Nachdem ich mich der Zustimmung und Bereitschaft meines alten Waffenbruders Meng Lang versichert hatte, informierte ich

Anfang 2001 P.E.N. International und das Zentrum USA West,
daß ich den Versuch wagen würde. Es war Frühlingsanfang und ringsum war alles am Erblühen.
Meng Lang und ich teilten uns die Anrufe bei den in Europa und
in den USA angesiedelten chinesischen Autoren, Exilschriftstellern und Akademikern auf. Bald schon gewannen wir in den
USA den Schriftsteller Han Xiu und die dort als Autoren oder
Dozenten im Exil lebenden Chinesen Wu Ningkun, Guo Luoji,
Zheng Yi und Liu Binyan, in Großbritannien die Schriftsteller
und Dichter Ma Jian, Hu Dong und Yang Lian, in Kanada den
taiwanesischen Schriftsteller Luo Fu, in der Schweiz Wan Zhi,
in Dänemark Jing Bute, dann Zhong Weiguang und Mo Li, die
vorübergehend im Exil in Deutschland als Studenten lebten, und
noch einige mehr, die die Idee guthießen und konkrete Vorschläge machten. Ich nahm außerdem Kontakt zu in China lebenden
Dissidenten auf, wie Liu Xiaobo, Liao Yiwu in Peking oder dem
in Shanghai lebenden Untergrundschriftsteller Ah Zhong, um
mich mit ihnen zu beraten. Auch sie sicherten mir ihre Unterstützung zu. Für mich stand fest, daß dieser unabhängige P.E.N.-
Club keinen Sinn machen würde, wenn nicht auch in China lebende Dissidenten und Untergrundschriftsteller mitmachten.
Mein Studio in Boston wurde damit zum Gründungs- und Geburtsort einer Schriftstellervereinigung.
Im März 2001 verschickte ich an mehr als vierzig chinesische
Schriftsteller und Gelehrte in aller Welt den Entwurf zur Gründung eines unabhängigen chinesischen P.E.N.-Zentrums. Danach verständigte ich mich mit Meng Lang darauf, diejenigen
Exilschriftsteller oder im Ausland lebenden Chinesen, die bereits
ihre Zustimmung zu der Idee gegeben hatten, aufzufordern, Mitglied zu werden. Liu Xiaobo arbeitete daneben auch in China
an der Gründung der Vereinigung mit, und dank seines Engagements konnten wir die Dissidenten Yu Jie und Ren Bujian noch
in der Gründungsphase in unsere Reihen aufnehmen.
Zu den Gründungsmitgliedern gehörten bei der Inauguration
unserer Schriftstellervereinigung Romanschriftsteller, Dichter,

Verleger, Dozenten, Lektoren im europäischen und amerikanischen Exil und auch Untergrundschriftsteller und Dissidenten, die in der Volksrepublik China lebten. Darunter waren auch der ehemalige Vizepräsident des Chinesischen Schriftstellerverbands, Liu Binyan, der ehemalige Präsident des Verbands der Filmschaffenden der Provinz Shanxi, der Schriftsteller Zheng Yi, der in Vancouver ansässige taiwanesische Dichter Luo Fu, dann noch Wan Zhi (Schweiz), Zhong Weiguang (Deutschland), die Dichter Yang Lian und Hu Dong (England), Jing Bute (Dänemark), der Schriftsteller und Dozent Wu Ningkun, der Autor Han Xiu (USA), der frühere Leiter des Verlags *Qunzhong*, Yu Jiecheng, und der Wissenschaftler Guo Luoji.

Um eine neue Schriftstellervereinigung zu gründen, muß sie nach den Bestimmungen des Internationalen P.E.N. mindestens zwanzig Mitglieder vorweisen, die einen schriftlichen Aufnahmeantrag beim internationalen Dachverband gestellt haben, der von diesem anerkannt wurde. Die Namen und Verlage von Werken mußten zusätzlich ins Englische übersetzt werden, bevor sie dem Internationalen P.E.N. zur Prüfung vorgelegt wurden. Die Arbeit der Gründungsphase war unglaublich zeitaufwendig. Meng Lang und ich forderten die nötigen Unterlagen per Telefon und E-Mail von den potentiellen neuen Mitgliedern an, und Ann House, Assistenzprofessorin am Institut für Sinologie des Wellesley College, war so nett, die schriftliche Korrespondenz zu übernehmen und die Biographien und Werkstitel der Autoren ins Englische zu übersetzen. Für einige Autoren wurden von P.E.N. International noch zusätzliche Informationen angefordert, aber schließlich hatten wir die Bewerbungsunterlagen für über zwanzig Mitglieder zusammen. Am 8. Oktober 2001 erhielt ich die Zusage, daß der Antrag auf Gründung der »Unabhängigen chinesischen Schriftstellervereinigung« ein Tagesordnungspunkt der nächsten Jahresversammlung des Internationalen P.E.N. im November in London sein werde.

Eine Frage war noch, welchen englischen Namen wir der neuen Vereinigung geben sollten. Meng Lang, Wan Zhi und ich hatten

lange darüber diskutiert und verschiedene Namen in Betracht
gezogen. Schließlich, nach etlichen Telefonaten mit Jane Spender, der Sekretärin des Internationalen P.E.N., einigten wir uns
auf die Bezeichnung *Independent Chinese P.E.N. Center.*
Als im September 2001 die Bestätigung des P.E.N. kam und
Meng Lang und ich gerade zum Endspurt der Vorbereitungen
ansetzten, erschütterten die Terroranschläge vom 11. September die Vereinigten Staaten. Rund um die Uhr berichteten die
Medien von der Katastrophe und strahlten wieder und wieder
die Bilder von den in dichtem Rauch in sich zusammenstürzen-
den Twin Towers des World Trade Centers in New York aus
und auch die Bilder von einem völlig schockierten Präsidenten
George W. Bush, der vor einer Gruppe von Grundschülern mit
einem Schulbuch in der Hand, das er verkehrt herum hält, versucht, die Fassung zu wahren. Bostons Logan-Airport war die
Ausgangsbasis des Entführungsdramas der beiden Flugzeuge
durch die Terroristen gewesen. Tag und Nacht heulten in meiner
neuen Heimatstadt die Polizeisirenen. Die ganze Stadt war in
Aufruhr und Meng Lang und ich fix und fertig, als aus London
von der freundlichen Jane Spender eine E-Mail und ein beruhigen-
der Anruf kamen. Wir sollten uns nicht bange machen lassen und
unbeirrt unsere Energie auf die noch anstehende Arbeit zur Be-
werkstelligung unseres Ziels verwenden. Jane Spender, Nichte
des großen englischen Gelehrten Steven Spender, war mit ihrer
geduldigen Art und ihrer passenden Wahl der Worte die Richtige, um uns zu motivieren.
Wir machten also fröhlich weiter und gaben eine Menge Geld
für die zu jener Zeit noch sehr kostspieligen Telefonate mit chinesischen Schriftstellern in aller Welt aus. Bevor man zum eigentlichen Zweck des Anrufs überging, galt es schließlich, erst einmal Höflichkeiten auszutauschen und sich über Gott und die
Welt zu unterhalten. Viele unserer Kollegen wußten nur wenig
über die Funktion und die Satzung der internationalen Schriftstellervereinigung, und abgesehen davon, daß wir zunächst einmal klarmachen mußten, was der P.E.N.-Club eigentlich war,

galt es, generelle Vorbehalte gegen eine Mitgliedschaft in einer Vereinigung auszuräumen. Besonders die in Chinas Untergrund arbeitenden Autoren, die vor allem den verhaßten offiziellen chinesischen Schriftstellerverband und die Kulturnetzwerke der Volksrepublik vor Augen hatten, waren nur schwer von der Notwendigkeit unseres Projekts zu überzeugen. Aber schließlich überwanden wir sämtliche Hindernisse.

Geschafft

Im Oktober 2001 lud mich das Internationale P.E.N.-Zentrum in meiner Funktion als Gründer des unabhängigen chinesischen P.E.N. als nicht stimmberechtigten Delegierten zur 67. Jahrestagung der Schriftstellervereinigung Ende November nach London ein. Meine Aufgabe sollte die Durchführung der Abstimmung über den neuen Verband innerhalb der Dachorganisation sein. Im novemberkalten London lag bereits der Winter in der Luft, aber ich empfand eine gewisse Wärme. Die hoch aufragenden Bauten der Innenstadt mit ihren ehrwürdigen Palästen strahlten die Würde des alten Empire aus. Die Jahresversammlung fand in einem königlichen Hotel im urbanen Bezirk Londons statt und das Eröffnungs- und Abschiedsbankett in den Räumen des *Foreign and Commonwealth Office*, dem britischen Außenministerium, in Whitehall in der King Charles Street. Zu diesen Empfängen waren hauptsächlich Schriftsteller und Menschenrechtsaktivisten geladen, die in schwarzen Anzügen von ihren Hotels unter den Bäumen der *Imperial Gardens* von allen Seiten zum *Foreign and Commonwealth Office* strömten. Es war das erste Mal, daß ich an einem solchen Treffen teilnahm. Mit Hilfe der umsichtigen Fürsorge von Jane Spender fand ich mich zurecht, hörte den Reden zu und machte mich mit den Themen der verschiedenen Versammlungen vertraut, um die Arbeit des P.E.N.-Clubs besser zu verstehen. Hier gab sich das literarische London die Hand und sonnte sich im Glanz der Prachtbauten des *British Museum* und der *British Library.* Abends saßen die Delegierten auf den Treppenstufen der *British Library* und hörten der Lesung des britischen *Poet Laureate* Andrew Motion und des in England lebenden chinesischen Schriftstellers Zhang Rong zu. In diesem Tempel der Gelehrsamkeit voller Berühmtheiten und ihrer Werke aus nah und fern mußte ich an eine Postkarte mit einem Gruppenbild von T. S. Eliot, Stephen Spender, W. H. Auden und Ted Hughes denken, die ich einmal erworben hatte und seit vielen Jahren wie einen Schatz hütete. Ansonsten bedeutete das Treffen Arbeit, unermüdliche Arbeit. In der Zeit, die für Pausen und soziales Netzwerken blieb, ging ich auf die Repräsentanten der achtzig verschiedenen Kammern zu, um ihnen den neuen unabhängigen chinesischen P.E.N.-Club vorzustellen und um ihre Stimme für dessen Aufnahme zu werben.

Die Aufnahme des unabhängigen chinesischen P.E.N.-Clubs stand am Vormittag des letzten Tages auf der Agenda. Nominiert wurde der neue Club vom P.E.N. USA, als dessen Repräsentant Larry Siems ein kraftvolles Plädoyer für unsere Aufnahme hielt. Siems, ein Mann von etwa vierzig Jahren, ursprünglich Direktor des Programms für die *Freiheit zum Schreiben* des P.E.N. US-West, ein verdienter Senior der Literatur und der Menschenrechte, sorgfältig und gewissenhaft. Vor einem Jahr, als mir der P.E.N. US-West den Preis der *Freiheit zum Schreiben* verlieh, war er es, der mich als Repräsentant des Clubs am Flughafen in Los Angeles abholte. 2001 kam er von Los Angeles nach New York, um den Vorsitz des internationalen Programms *Freiheit zum Schreiben* zu übernehmen. Zwischen uns herrschte seit dieser Zeit in zunehmendem Maße ein stillschweigendes Einverständnis.

In der Versammlung kämpften wir entsprechend Seite an Seite. Während seiner Nominierungsrede stellte mich Siems offiziell den Vertretern der P.E.N.-Clubs aus aller Welt vor. Anschließend bat mich Homero Aridjis, als Gründer des unabhängigen chinesischen P.E.N. eine Rede zur Präsentation unseres Clubs zu halten. In meinem holprigen Englisch legte ich den etwa hundert Delegierten die Gründe für unser Vorhaben dar und beschränkte mich vor allem auf vier Punkte:

1 Die gegenwärtige Situation von Literatur und Autoren in der Volksrepublik China.
2 Die chinesischen Exilschriftsteller und die Exilliteratur.
3 Die Gründe für die Etablierung eines unabhängigen chinesischen P.E.N. und seine geschichtliche Verantwortung.
4 Das Verhältnis zwischen dem unabhängigen P.E.N. und der offiziellen chinesischen Schriftstellervereinigung.

Ich versuchte, mit einfachen Worten mein Anliegen zu vermitteln. Es war mir besonders wichtig, darauf hinzuweisen, daß wir ein Verband individueller, freier Schriftsteller sein würden und keine Vertretung unseres Staats. Einer der Gründe für die Etablierung eines unabhängigen Verbands war schließlich die fortgesetzte Unterdrückung der freien Meinungsäußerung und der Pressefreiheit. Gerade weil die offizielle chinesische Schriftstellervereinigung nicht in der Lage war oder nicht wagte, sich für diese Freiheiten einzusetzen und der ständigen Verletzung der Freiheit zum Schreiben und zum Verlegen nichts entgegensetzte, war es dringend geboten, endlich eine unabhängige Vereinigung als Vertretung der Interessen chinesischer Schriftsteller zu gründen. Der unabhängige und der offizielle chinesische P.E.N. sollten sich aber in jedem Fall gegenseitig beraten und kontrollieren und gemeinsam zur Wahrung der Menschenrechte von Autoren und der Freiheit der Literatur beitragen.
Meine Rede erntete großen Applaus. Die Aufnahme des neuen *Independent Chinese P.E.N. Center* in den internationalen Dachverband war ein Höhepunkt der Tagung. Viele der Delegierten kamen nach meiner Rede auf mich zu, um mir die Hand zu geben. Man war sich in den nachfolgenden Reden einig: Das Internationale P.E.N.-Zentrum hatte schon über zehn Jahre lang auf eine unabhängige und regierungsferne chinesische Schriftsteller-

vereinigung gewartet. Endlich saß man zusammen an einem
Tisch.

Viele der anwesenden Vertreter von Exilschriftstellerverbänden
aus Kuba, dem Iran und Vietnam begrüßten in nachfolgenden
Reden die Mitgliedschaft unseres Clubs im internationalen Verband. Nach den Plädoyers gab es eine hitzige Debatte über die
Entscheidung. Das neue P.E.N.-Zentrum wurde vor allem von
Vertretern aus Palästina, Frankreich und Japan in Frage gestellt
und seine Legitimität angezweifelt. Der Delegierte aus Japan verstand nicht, warum sich unser Verband in seinem Namen als
»unabhängig« bezeichnen wolle. Er fragte sich, ob ein solches
Konzept nicht vom Ausland als ein vom Staat unabhängiger po-
litischer Verband wahrgenommen werde. Ein französischer Vertreter fragte sogar, ob die neu zu gründende Vereinigung wirklich die chinesischen Schriftsteller zu vertreten in der Lage sei.
Er befürchtete, daß es bei künftigen Jahrestreffen zu Konflikten
zwischen dem staatlichen und dem unabhängigen chinesischen
P.E.N.-Zentrum kommen werde. Die Notwendigkeit eines neu-
en chinesischen P.E.N. wurde auch von der Vertreterin Palästinas angezweifelt, die darauf hinwies, daß der staatliche Verband
sich schon immer für die Unabhängigkeit des palästinensischen
Volks und seiner Rechte eingesetzt habe.

Ich nahm dazu noch einmal Stellung und korrigierte, daß erstens
»unabhängig« in diesem Fall Unabhängigkeit vom Staat bedeu-
te, eine Unabhängigkeit von Schriftstellern und eines Schriftstellerverbands von staatlicher Macht. Zweitens verwies ich noch
einmal darauf, daß zu seinen Mitgliedern nicht nur Exilschriftsteller gehörten, sondern auch in China lebende Autoren und chinesische Schriftsteller, die im Ausland beheimatet waren. Und
drittens sollte der unabhängige Verband keinen Ersatz für den
offiziellen Verband darstellen, ganz zu schweigen davon, das Land
zu repräsentieren. Es sei unser ausdrücklicher Wunsch, mit den
anderen Zentren und insbesondere dem chinesischen Verband
in einen konstruktiven Dialog zu treten und ein kooperatives
Verhältnis zu entwickeln.

Im Anschluß an meine Erläuterungen gab mir die palästinensische Delegierte zu verstehen, daß das P.E.N.-Zentrum Palästinas der Aufnahme unseres Zentrums nicht im Wege stehen werde, sie habe nur angesichts der ausgezeichneten Beziehungen zum chinesischen Verband, dessen Vertreter nicht anwesend waren, ihre Dankbarkeit für die ständige Unterstützung der Sache Palästinas zum Ausdruck bringen wollen. Auch der japanische Delegierte erklärte in seinem Kommentar, seine Zweifel seien ausgeräumt und er unterstütze den unabhängigen Verband in seinem Kampf für die Freiheit der Meinungsäußerung.

Das war eine historische Stunde. Nachdem China seit Jahren der internationalen Tagung ferngeblieben war, gaben nun die mehr als achtzig Delegierten der P.E.N.-Zentren aus aller Welt ein positives Votum für den Beitritt des *Independent Chinese P.E.N. Center* zur internationalen Schriftstellervereinigung ab.

Im Februar 2002 berichtete ich Susan in einem Brief von der erfolgreichen Geburtsstunde des Zentrums und lud sie ein, Ehrenmitglied unserer Vereinigung zu werden. Ich erzählte ihr von den Schwierigkeiten dieser Geburt und beklagte mich über die Strapazen der bürokratischen Arbeit, die ich dafür leisten mußte. Ihre Antwort kam postwendend. Sie gratulierte mir zu der Neugründung und betonte, wie wichtig dieses Zentrum sei. Sie schrieb:»Ich weiß, daß Du dafür Deine Zeit zum Schreiben opfern mußt, aber was bleibt Dir übrig? Es ist wunderbar, daß das Unabhängige P.E.N.-Zentrum nun gegründet worden ist. Eines Tages wird das als ein Wendepunkt für die unabhängige chinesische Literatur angesehen werden, meinst du nicht? Was Deine Verhaftung im August 2000 angeht, sieht es jetzt so aus, als sei das das Geschenk der chinesischen Regierung für die Sache der unabhängigen chinesischen Literatur gewesen. Natürlich lag das nicht in ihrer Absicht! Ich freue mich, zum Ehrenmitglied Eures P.E.N.-Verbands ernannt zu werden ... daher sage ich zu.«
Meine Mission war erfüllt.

Gründung des *Tendenzen*-Verlags

Es war ein Zufall und auch wieder nicht, daß ich den Verlag *Tendenzen* gründete. 2002 wurde ich für die Dauer eines Jahres als Writer in Residence vom *New York Public Library Cullman Center for Scholars and Writers* ausgewählt. Ich zog also nach Jersey City, eine Stadt, die nur durch den Fluß von New York getrennt liegt, und pendelte täglich in aller Frühe zum Cullman Center. Auf meinem Weg mit den öffentlichen Verkehrsmitteln hatte ich reichlich Zeit, die Idee für das vorliegende Memoire wachsen zu lassen. Noch im Oktober 2002 erreichte mich die dringende Bitte des geschäftsführenden Direktors der Internationalen Buchmesse Taipeh, Ceng Fanqian, um Unterstützung bei der Organisation der Buchmesse 2003. Für die Messe war ein tschechischer Pavillon geplant, allerdings gab es in Taiwan kaum tschechische Literatur in chinesischer Übersetzung und sehr wenige Übersetzer. Ceng wollte gerne von meinen guten Beziehungen zu dem Schriftsteller und tschechischen Präsidenten Václav Havel profitieren und mich mit der Organisation des tschechischen Messeauftritts betrauen. Außerdem brauchte man Unterstützung bei der Einladung einiger renommierter internationaler Schriftsteller als Ehrengäste der Messe.

Die Zeit war knapp, es waren gerade noch vier Monate bis zum Beginn der Buchmesse in Taipeh. Aber selbstverständlich entsprach ich Cengs Wunsch und wurde zu einem Sonderbeauftragten der Bücherschau. Ich hatte damals schon die ersten Schritte zu einer Edition von drei Werken Havels gemacht, hatte *Die Macht der Machtlosen: Beiträge zur Literatur von Václav Havel*, *Fernverhör – eine Autobiographie* und *Umkehrung der Symbole – Gedichte einer Ikone* bereits teilweise ediert und die Übersetzung lektoriert. Diese Bücher mußten unbedingt zur Buchmesse in Taipeh erscheinen. Da ich aber keinen Verlag zur Seite hatte und nur einen von seiten der Internationalen Buchmesse Taipeh bewilligten finanziellen Betrag, gründete ich auf die Schnelle in Taipeh den *Tendenzen*-Verlag, um die chinesische Ausgabe von *Fernverhör* veröffentlichen zu können. Ich gewann den Tang-shan-Verlag für eine Zusammenarbeit bei der Herausgabe von *Umkehrung der Symbole* und den Zuo'an-Verlag für *Die Macht der Machtlosen* und *Auf Wiedersehen Politik. Reden von Václav Havel.* Diese vier Bücher wurden am Vorabend der Buchmesse stolz dem Publikum präsentiert und machten die Erstveröffentlichung von Havels Schriften auf chinesisch zu einem spektakulären Ereignis der *Taipeh International Book Exhibition.*

In einer von schlechtem Geschmack dominierten Welt darf man keine Kosten und Mühen scheuen, um gute Bücher zu verlegen, und muß darauf eingestellt sein, daß man für seine Mühe keine monetären Früchte ernten wird. In Taiwan herrscht immerhin ein Klima der kulturellen und verlegerischen Freiheit. Bei seiner Gründung 2003 war der *Tendenzen*-Verlag in einem Gebäude der Pädagogischen Hochschule Taipehs untergebracht. In diesem etwa dreißig Quadratmeter großen Büro mit seinen Longanholz-Dielen und seinen Fensterrahmen aus Zypressenholz erledigte ich alles in Eigenregie: die Auswahl der Bücher, die Übersetzungsaufträge, das Redigieren und Korrigieren der Manuskripte und auch die Distribution der Bücher, die ich mit dem Fahrrad zu unabhängigen kleinen Buchläden fuhr. Der Titel der ersten Buchreihe hieß programmatisch *Zeitalter des Exils* und widmete sich der Herausgabe von Werken von Schriftstellern oder von Werken im Exil, besonders solchen aus kleinen oder nicht-englischen Sprachen.

10 Meine Heimat ist die Sprache

Schreiben im Exil

Der Exilant kehrt zurück. Ich muß oft an dieses Buch von Malcolm Cowley denken, das im Untertitel *Eine literarische Odyssee* heißt. Aber wenn der Exilant einmal zurückkehrt, wird er sogleich zurückgeschickt, ins Exil, ins Paradies namens Amerika. In den letzten Jahren bin ich andauernd zwischen New York und Boston hin- und hergependelt, habe die Weite Neuenglands mit diesen von Chinesen betriebenen Überlandbussen namens *Lucky Star* oder *Fenghua* durchstreift, die dich nach vier, fünf Stunden Fahrt in Downtown Manhattan absetzen, am East Broadway, wo es von chinesischen Einwanderern aus Fuzhou nur so wimmelt. Überall auf der Straße hört man den Fuzhouer Dialekt, es gibt typische Lebensmittel aus Fuzhou, alles erinnert an Fuzhou. Ich nehme die Stimmung auf, höre, rieche. Die Fuzhouer wirken einerseits ganz selbstverständlich hier, andererseits wie Gäste – aber all diese Immigranten sind durch viel Leid und Entbehrungen gegangen, um hier unerschrocken ein neues Leben anzufangen.

Warum werde ich nicht wie sie? Vieles in meinem Leben gleicht ihrem Leben. Aber eben doch nicht alles.

Das Leben in halber Abgeschiedenheit, das ich mir einmal für meine Zukunft ausgemalt habe, in einem Haus auf dem Land in Badaling an der Großen Mauer – all das ist meiner Dickköpfigkeit wegen auf unabsehbare Zeit in weite Ferne gerückt.

Die sprachlichen Verständigungsschwierigkeiten waren früher ein großes Problem für mich und sind es immer noch. Sie peinigen mich in meinem Exilantendasein. Auch nach all den Jahren bringe ich die englischen Tempi durcheinander, und immer wie-

der gelingt es mir nicht, meine Gedanken in die richtigen Worte
zu fassen. Als ich einmal mit Susan über dieses mich quälende
Problem sprach, erzählte sie mir von dem verstorbenen Joseph
Brodsky, von dem Nachruf, den sie auf ihn geschrieben hatte.
Darin stand ein Satz, der mir aus dem Herzen sprach: »Meine
Heimat ist nicht mehr Rußland, es ist die russische Sprache.«
Meine Heimat ist nicht mehr China. Meine Heimat ist die chine-
sische Sprache.
Meine Heimat ist die chinesische Sprache. Ist sie wirklich nicht
mehr China?
Susans Ratschlag war folgender: »Angesichts der Realität des
Exils mußt du es halten wie Brodsky und es als Schicksal annehmen.« Sie warf mir vor, nicht genug kreativen Fleiß zu entwik-
keln und mich zu wenig um die Veröffentlichung meiner Werke
in englischer Übersetzung zu bemühen. Ihrer Meinung nach war
das der einzige Weg für einen Exilschriftsteller, in der Fremde zu
Einfluß zu gelangen. Immer wieder spornte sie mich an: »Hast
du in letzter Zeit Gedichte geschrieben? Ist etwas davon ins Englische übersetzt worden? Ich kann bei Verlagen für dich anfra-
gen.«
Sie war zwar hart und streng in ihrem Urteil, aber dennoch fanden meine Werke ihre Anerkennung. Sie schrieb für mich Emp-
fehlungsschreiben, empfahl meine Gedichte an Zeitungen zur
Veröffentlichung, brachte ihren Freund, den Redakteur Steve Was-
sermann von der *Los Angeles Times Book Review* dazu, von mir
Manuskripte anzufordern. Sie empfahl meine Gedichte der Redaktion der Zeitschrift *New Republic* und machte mir Druck,
sie auch schleunigst dorthin zu schicken. Sie vermittelte mir den
Kontakt zur Redaktion der *New York Review of Books*, damit
ich für die Zeitschrift Rezensionen schrieb, und fragte nach, ob
ich mich dort auch gemeldet habe. »Bloß keine falsche Beschei-
denheit, einfach anrufen und um ein zehnminütiges Gespräch
bitten. Und sag ihm, du rufst im Auftrag von Susan Sontag an.«
Auf diese Art ermunterte sie mich wieder und wieder.
Ich bin nicht der Typ, der sich einfach an den Schreibtisch setzt

und konzentriert drauflos schreibt. Zunächst einmal lese ich, manchmal tagelang, bevor ich zu schreiben anfange. Ich bin auch viel zu sehr an den Dingen interessiert, die um mich herum geschehen, immer wieder holt mich die Realität mit Ereignissen ein, die meine Aufmerksamkeit fesseln und mich vom Schreibtisch fernhalten. Dinge, die mich wütend machen und mich nicht ruhen lassen, bevor ich mich nicht mit ihnen befaßt und sie zu Ende gebracht habe. Quantität und Qualität sind für einen Schriftsteller unvereinbar. Es gibt zwei Arten von Schriftstellern: Einer ist der Fleißige, der ein Buch nach dem andern schreibt und allein in der ausdauernden Produktivität seine Bestimmung als Schriftsteller sieht. Der andere hat höhere Ansprüche an die Qualität und ist überkritisch und schreibt jede Seite zwanzigmal um und bezieht seinen Stellenwert als Schriftsteller allein aus der Qualität seiner Werke.

Überstehen ist alles

Seit der ersten Ausgabe von *Tendenzen* 1993 widme ich meine Zeit vorwiegend der Redaktion von Literatur und anderen verlegerischen Tätigkeiten. Als Autor habe ich meinen Schwerpunkt von der Dichtung zunehmend auf Essays verlegt. In der Symbiose dieser drei völlig unterschiedlichen Beschäftigungen des Schreibens, Redigierens und Verlegens finde ich meine Balance. Durch das ständige Oszillieren zwischen zwei verschiedenen kulturellen Sphären, der meiner Muttersprache und der der Fremdsprache, geschieht es leicht, daß man sich einer Sache widmet und eine andere völlig aus den Augen verliert. Ich suche einen Ausweg aus dem Hin und Her zwischen den Welten und will mich endlich der Aufgabe stellen, mich einer Sache, dem Schreiben, ganz zu widmen.

Diejenigen Schriftsteller, die ohne einen »Brotjob« als unabhängige Intellektuelle ein Auskommen suchen, sind eine aussterbende Spezies. Vom demokratischen Westen bis zum autokratischen

Osten – überall gibt es zunehmend Universitäten, die in großem
Stil Schriftsteller und Intellektuelle einkaufen, die zuvor außerhalb des Systems arbeiteten, die innerhalb der warmen Wallmau-
ern der Hochschulen gezähmt werden, zu Regelbefolgern und Ja-
sagern werden und in den Elfenbeinturm der Professoren und
Experten aufsteigen. Das ist ein weltweiter, unaufhaltsamer Trend,
die Hochschulen plündern unaufhaltsam die Welt der freien Intellektuellen und Schriftsteller. Und das Bedürfnis nach Sicherheit, die Suche nach einer Wahrung der Lebensgrundlage, läßt
die Intellektuellen und eben auch die Exilschriftsteller den Uni-
versitätsposten hinterherrennen wie die Gänse.

Das führt dazu, daß die Schriftsteller der Gegenwart zunehmend
professionell werden in dem Sinne, daß sie sich wie Berufsschrei-
ber verhalten, deren Worte und Taten keine entscheidende Rolle
mehr für die Gesellschaft spielen. Es fehlen die scharfsichtigen
Beobachtungen von Autoren, die sich in die wichtigen Angelegenheiten der Welt einmischen und deren Einfluß weit über ihre
eigenen Länder hinausreicht, deren Kunst gerade darin besteht,
grenzüberschreitend zu sein. Ich meine damit meine Lieblings-
autoren, von Klassikern wie Victor Hugo und Tolstoj, über An-
dré Gide, Jean-Paul Sartre, Bertrand Russell, Hannah Arendt,
Andrej Sacharow, Alexander Solschenizyn bis Susan Sontag, Ed-
ward Said, Salman Rushdie, Nadine Gordimer, Václav Havel, Joseph Brodsky und Wole Soyinka.

Das zwanzigste Jahrhundert war ein bitteres Jahrhundert voller
Kriege und Massaker, getränkt von menschlicher Bosheit und
Grausamkeit, aber auch ein Jahrhundert voller Kreativität und
Phantasie, voller vergeblicher Hoffnungen, aber ungeahnter Möglichkeiten. Die Exilliteratur ist ein schleichendes Produkt seiner Geschichte und Traditionen. Sie ist etwas, das tief verwurzelt ist in der Geschichte des jeweiligen Mutterlands des Autors
und seiner persönlicher Herkunft und Erfahrung, aber geformt
wird von den neuen Perspektiven des Exils. Die Literatur des
Exils des zwanzigsten Jahrhunderts bedient sich vieler gemein-
samer kultureller und geistiger Ressourcen.

Doch letztendlich bedeutet das Exil Verlust, es führt dazu, daß ein Schriftsteller im eigenen Land bedeutungslos wird. Wenn überhaupt, wird man als chinesischer Schriftsteller dann in Hongkong oder Taiwan verlegt (aber nicht unbedingt gelesen) oder in andere Sprachen übersetzt und im Ausland publiziert. Das eigene Vaterland, auch wenn es die Seele fesselt und die Träume erstickt, wird zu einer Abstraktion.

Exilanten sind immer auch Rebellen. Said hat einmal ein sehr treffendes Bild des Intellektuellen im Exil entworfen, als er sagte: Sie können in gewisser Weise satirisch sein, zweiflerisch, vielleicht sogar unanständig – niemals aber sind sie zynisch. Die Muttersprache ist zu meiner elementaren mentalen Stütze geworden. Im Exil muß man sich immer wieder mit der Bedeutung der Einsamkeit konfrontieren, deine ganze Situation scheint treffend mit all den Adjektiven beschrieben, die mit Einsamkeit zu tun haben: einsam, allein, isoliert, verwaist, vergessen (ja, das Selbstmitleid), von der Außenwelt abgeschnitten, ein Schattendasein führend, auf sich selbst angewiesen, ein Eremitendasein führend, ignorant und desinformiert (gut, das war einmal, vor den Zeiten des Internets), ein Einzelgänger sein, ein Verlorener (im weiten Feld der fremden Sprache). Diese Begriffe werden allmählich zu einem Ersatz für deinen Namen, zu einem untrennbaren Bestandteil deiner selbst. Man darf sich von diesem weiten Feld der Formen von Einsamkeit nicht unterkriegen lassen. Es gibt in diesem Feld immer noch die Möglichkeit der Selbstbeweihräucherung, es bleibt kein Ausweg, als mit aller Kraft auf eine Sache zu setzen, nach innen wie nach außen. Auch wenn es ein Holpern und Stolpern auf unebenen Wegen ist, das einige blaue Flecke zurückläßt – du mußt weiterziehen, du hast nur dieses weite Feld.

Die Schriftsteller und Intellektuellen, die China nach dem 4. Juni 1989 verlassen mußten, sind, wie all die Intellektuellen, die nach der Oktoberrevolution aus Rußland flohen, die Juden, die vor dem Nationalsozialismus flohen, die intellektuellen Flüchtlinge des kalten Kriegs aus Osteuropa oder die aus theokratisch regierten Staaten wie dem Iran emigrierenden Schriftsteller, wie Wunden der Menschheit, Narben der Zeit.

Das Exil bedeutet auch einen besonderen Bewußtseinszustand. Er hilft, gegen die Gier der neuen Reichen resistent zu werden, führt zu Solidarität mit dem Aufstand der Armen.

Dank der Kommunikationsmedien und des Internets stehen die Exilschriftsteller im einundzwanzigsten Jahrhundert, was ihre Präsenz, ihren kulturellen Wirkungsbereich, ihr Wissen um den Zustand ihres Heimatlands, ihre Möglichkeiten zur Veröffentlichung von Werken und Meinungen betrifft, weitaus besser da als ihre Vorgänger im Zeitalter des Nationalsozialismus oder des kalten Kriegs. Der Abstand zwischen dem Exilschriftsteller und seinem Vaterland jedoch ist nicht kleiner geworden (psychisch vielleicht sogar größer). Der Geist wird beherrscht von der Informationsflut des Internetzeitalters und kann den Bezug zum kulturellen und gesellschaftlichen Umfeld des Landes, in dem man lebt, völlig verlieren, weil man völlig außerhalb der Lebensrealität des ›Gastlandes‹ steht.

Das Leben im Exil hat gewiß auch Vorteile, es hat mir neue Perspektiven ermöglicht. Saids Beobachtungen treffen zu; das Exil ermöglicht dem Exilschriftsteller zwei verschiedene Perspektiven zur Betrachtung der Welt: von den Gegebenheiten vor Ort aus gesehen und von denjenigen der Heimat. Neue Erfahrungen kontrastieren mit alten Vorstellungen. Sie prallen aufeinander, und aus diesem Aufprall entstehen neue Werke.

Aus schmerzhaften Erfahrungen lernen, tödlichen Fallen entkommen und sich wiedergeboren fühlen. Für mich ist das Exil bereits zu einer Art Lebensform geworden. Vor einigen Jahren lebte ich oft in Kalifornien, weit weg von der Kultur des Ostens der Vereinigten Staaten, mit der ich vertraut war. Später habe ich immer wieder für ein halbes Jahr auf Taiwan gelebt, nah bei meiner Muttersprache und meinem Vaterland. Seit kurzem bin ich des öfteren in Europa und Australien, wandere zwischen den Welten. Aus der Distanz gewinne ich eine andere Perspektive auf die USA, die Bush-Regierung, das Dasein der Migranten, Dinge, die mich alarmieren und von den USA entfremden.

James Joyce hat einmal gesagt:»Das Exil ist meine Kunst.«
Das Beste ist es, wenn man am Ende – aber wann ist das? – durch
Übersetzung in den Wald der Weltliteratur Einzug hält, ein Mitglied der internationalen Literaturrepublik wird, die Barrieren
der Sprache überwunden hat und ein freier Weltbürger geworden ist.

Ich nehme mein Bündel unter den Arm und ziehe los, verirre
mich auf dem Fahrrad in Paris, durchstreife Prags kleine Gassen,
besteige unter der glühenden Sonne einen Berg im südspanischen
Mojacar, miete eine Wohnung in Taipeh, ziehe über den Flohmarkt in Fuheqiao und gieße Tee auf in Baitan, schüttele einen
Birnbaum und sitze am Schreibtisch im Heinrich-Böll-Haus in
Bonn. Herumziehen, wie ein Nomade auf der Suche nach Wiesen
und Wasser. Ich schätze die Freiheit des Kommens und Gehens,
wie ich will, dieses Vagabundenleben, das mir immer wieder ab-
verlangt, mich an ein neues Territorium, eine andere Zivilisation
und Kultur anzupassen. Das macht das Unglück des Exils zu
einem ungeahnten Glück.
Ich habe ohnehin keine Wahl.

Dank

Der Autor dankt der New York Public Library Dorothy and Le-
wis B. Cullman Center for Scholars and Writers und dem deutschen Heinrich-Böll-Haus für die finanzielle Hilfe und die Unterstützung bei der Arbeit an diesem Buch.